정조의 개혁 본부
여기는 규장각

일러두기
- 이 책의 등장인물은 실제 인물임.
- 각 장의 주인공은 문제 해결에 참여하는 사람 중 한 명이지, 각 분야를 대표하는 인물은 아님.
- 이 책의 '규수' 캐릭터는 널리 알려진 모습이 아닌 화가의 상상력으로 새롭게 그려 낸 것임.
- 이야기가 조선 후기의 정치, 경제, 문화 등 각 분야별로 나누어 전개되기에, 사건이 혼재돼 있을 수 있음.

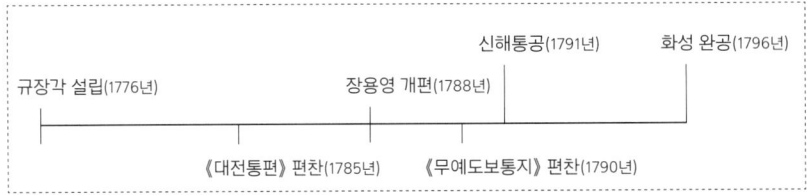

정조의 개혁 본부

여기는 규장각

손주현 글 ◆ 김소희 그림

책과함께 어린이

◆ 작가의 말

세종 대왕을 닮고 싶었던 정조

조선 시대 27명의 왕 중 그냥 '왕'이 아닌 '대왕'이란 명칭을 붙이는 사람은 세종뿐입니다. 보통 세조, 정종, 태종 이런 식으로 부르는데 세종만 뒤에 대왕을 붙이지요. 가장 큰 이유는 그분의 업적 때문이겠지만 왕으로서 백성들이 잘살게 하려고 엄청나게 애썼고, 그 결과 많은 백성들과 지금 우리 후손들을 행복하게 해 주었기 때문이라고 생각합니다.

세종 대왕 말고도 다른 대왕은 없는지 묻는다면 정조를 꼽고는 합니다. 다른 왕들에는 대왕을 거의 붙이지 않지요. 정조가 대왕이라 할 수 있는 이유는 세종과 마찬가지로 나라가 부강하고 백성이 행복해질 수 있는 길을 계속해서 찾았고, 어느 정도 성과를 냈기 때문입니다. 정조는 후반부 내리막길을 걷던 조선이라는 나라에 숨을 불어넣어서 '되살린다'는 뜻의 조선의 '르네상스'를 이끌었다고들 합니다.

집현전을 닮은 규장각

정조가 조선의 르네상스를 이끌 수 있던 것은 정조의 저 먼 조상인 세종 대왕의 집현전을 따라 만든 규장각 덕분입니다. 정조는 조선의 많은 문제들을 고치고자 하는 의욕이 대단했어요. 그래서 왕이 되자마자 '세종 할아버지가 집현전을 꾸렸듯 규장각을 만들자'고 제안했지요. 집현전처럼 그 안에 조선 최고의 두뇌들을 모아놓고 굵직한 나랏일을 계획하도록 합니다.

정조 시대는 조선이 세워진 지 300여 년이 훨씬 지났기 때문에 제도가 낡을 대로 낡아 백성들을 힘들게 하는 점들이 많았어요. 그래서 무엇을 어떻게 고쳐야 하는지 규장각에서 해결하도록 하였지요. 새로운 도시인 화성을 세우고, 최강의 군대 장용영을 설치하고, 과학과 미술을 다시 발전시키고, 자유로운 장사법을 만드는 등 정치와 경제, 문화 등에서 많은 부분을 고쳤습니다. 세종 대왕이 조선의 기초를 만들었다면 정조는 시간이 흐르면서 비뚤어진 조선을 바로 세웠다고 할 수 있어요.

조선을 바로 세운 규장각

사실 조선은 500년 넘게 흘러온 나라니만큼 '어떠어떠한 나라야'라고 한마디로 표현하기 힘듭니다. 그런데도 하나로 정해서 오해하는 경우가 많지요. 정조의 규장각에서 나온 결과물들을 보면 '조선 후기는 전기와 이렇게 달라졌구나' 하는 것을 알 수 있습니다.

하늘 아래 어떤 것도 완전 처음인 것은 없습니다. 결국 예전부터 있던 것을 고쳐 가며 만들어지는 것이지요. 그런데 한번 자리 잡은 것은 아무리 잘못되어도 고치기가 쉽지 않습니다. 정조와 규장각 관리들은 그럼에도 이 일들을 해냈습니다. 여러분은 규장각에서 벌어진 일들을 보면서 잘못된 것을 고치고자 하는 정조와 관리들의 의지, 고쳐서 달라진 점, 어떤 자세로

고칠 수밖에 없는지 배우게 될 것입니다.

　해마다 10월이면(큰일이 없으면) '정조 대왕 능행차' 재현 행사가 열립니다. 당시 정조가 아버지 사도세자 묘를 참배하러 창덕궁에서 수원 화성까지 수천 명을 동원해 행차했던 일을 그대로 따라 해 보는 행사이지요. 기회가 된다면 이 행사에 참관하면서 당시 모습을 느껴 보고, 정조가 어떤 마음으로 규장각을 꾸렸는지 떠올려 보세요. 이 책을 읽고 나서 좋은 후속 활동이 될 것입니다.

손주현

◆ 차례

작가의 말 ◆◆◆ 5
들어가며 ◆◆◆ 10

1. 탕탕평평, 모든 당이 골고루: 정조 ◆◆◆ 18
2. 공부의 신도 공부시킨 초계문신제: 이서구 ◆◆◆ 28
3. 최첨단 기술로 완성한 화성: 정약용 ◆◆◆ 40
4. 더 잘 먹고 잘사는 법을 연구한 실학: 서유구 ◆◆◆ 58
5. 백성과 나라가 풍요로워지는 길, 상업: 박제가 ◆◆◆ 76
6. 능력 있는 서얼에게 기회를: 이덕무 ◆◆◆ 94
7. 역사적 순간을 샅샅이 기록한 의궤: 김홍도 ◆◆◆ 110

나오며 ◆◆◆ 124

> 들어가며

지성이 반짝 규장각

안녕? 난 옛사람들이 바라본 스물여덟 개 별 중 열다섯 번째 별자리인 규수야. 세상의 지혜와 학문을 다스리는 우주 최고의 똑똑이 별이지. 옛날 사람들은 아주아주 똑똑한 사람을 보고, 내가 땅으로 내려와 태어났다고 떠들고는 해. 이런저런 과거 시험을 아홉 번이나 치르고, 그때마다 1등을 한 이율곡 알아? 그분도 그런 칭찬을 들었어.

오늘은 어떤 똑똑이 몸으로 태어나려고 내려온 게 아니야. 어느 궁궐에 내 이름 '규'를 따서 만든 곳이 있다고 해서 와 봤어. 규장각(奎章閣)이라나 뭐라나. 창덕궁 안에 있다고 했던가? 아, 여기가 창덕궁인가 봐. 어디 보자, 규장각은 궁궐 안 관리들의 사무실인 궐내각사 가까이 있을 거야. 그러니까 이 길게 늘어선 건물 근처야. 연못 앞 저기 우뚝 솟은 건물 현판을 봐. 규장각. 내 이름의 '규'를 이렇게 보니 내적 친밀감이 물씬 나는걸?

이곳은 왕실의 책들을 모아 두는 곳이자 규장각 관리들이 일을 보는 곳이라고 들었어. 책들을 보관해야 하니까 땅속에서 올라오는 축축함을 피하려고 살짝 높게 지었군. 층이 하나 더 있어서 저렇게 우뚝 솟아 보여. 게다가 자리는 어찌나 좋은지! 건물에서 바라본 경치가 너무 아름다워!

경복궁 집현전이 그곳 학사들을 위해 풍경 좋은 연못 옆에 지었는데, 창덕궁 규장각도 마찬가지야. 저 연못과 울창한 주변 나무들이 어우러져 꼭 신선 마을에 온 것 같아. 경치 좋은 곳에서 공부하면 더 잘된다고 여긴 것일까? 임금이 공부 잘하는 사람들을 무척 아껴서 이토록 좋은 곳을 내준 것 같아.

어, 사람들이다. 저기 유난히 영특해 보이는 젊은이들이 규장각 쪽으로 가

　고 있어. 따라가 봐야지. 연못 앞 2층 건물로 위엄 있어 보여. 1층은 규장각, 2층에는 주합루라는 편액이 달려 있어. 이 글씨도 정조가 썼다지? 건물 안 널찍한 방에서는 다음 행사를 위해 청소 중이야.

　규장각의 핵심 관리인 각신들이 무슨 일을 하는지 보려면 이 건물에 딸린 작은 집인 이문원으로 가야 해. 여기야. 아까 그 젊은이들이 두런거리며 들어가고 있어.

　규장각에서는 책도 펴내고, 왕의 일기를 기록하고, 각 지방의 돌아가는 상황을 남기고는 하는데, 해야 할 일이 많으니 엄청 바쁠 것 같아. 게다가 임금이 꽤 깐깐한 것 같군. 규장각을 세운 것은 숙종 때지만 제대로 세워서 활용한 것은 정조라고 하지? 그럼 저들이 말하는 임금은 정조이겠군.

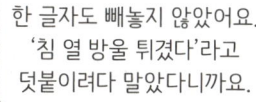

　　조선 최고 똑똑한 왕 하면 4대 세종과 22대 정조를 뽑지. 집현전을 세운 세종은 현명하고 지혜롭고 자비롭기까지 했어. 정조는 어떨지 모르겠네.

　　규장각을 다 봤으니 다른 건물로 가 볼까? 동쪽에 붙어 있는 건물은 검서청? 오호라, 바로 규장각에 보관할 책들을 검사하고 고치는 곳이야. 이런 일을 하는 사람들을 검서관이라고 하지. 규장각 각신들은 이문원에서, 검서관들은 여기서 일했어. 규장각과 검서청 뒤에 봉모당이란 곳도 있어. 역대 왕들의 글씨와 그림을 보관해 둔 곳이지.

　　이렇게 학문을 소중히 여기고 관리들의 실력을 끊임없이 키우려고 하다니, 이곳에 내 이름 '규'를 붙여도 아깝지 않아. 이런 노력을 했으니 임진왜란이니 병자호란이니 하는 엄청난 전쟁을 겪고도 조선이란 나라가 이어 갈 수 있었던 것이지. 이곳에서 어떤 일들이 이루어졌는지 들여다볼까?

❖ 규장각에서 일하는 사람들 중 문관 관리는 각신이라고 불렀어요.
임금과 세자가 공부하는 경연과 서연은 규장각 각신들이 주로 준비했어요.
정조는 직접 젊은 신하들을 가르치고 토론하기도 했지요.

❖ 책을 검사하고 고치는 관리는 검서관이라고 불렀어요.
중요한 책들을 사오는 일은 중국(청나라)에 방문하는 사신들의 가장
중요한 임무라고 할 수 있었어요. 규장각에 수직각, 서고,
열고관 등의 건물을 따로 지어 우리 책과 중국 책을 나누어 보관했어요.
보관할 책들을 검사하고 잘못된 부분을 고치는 일도 검서관들이 맡았어요.

❖ 규장각에 소속된 화원들은 임금 행차나 왕과 왕비 등의
생일을 치르는 모습, 국가의 중요한 행사들을 그림으로 남겼어요.
이 그림을 의궤라고 해요.

규장각 Stagram

987 게시물　26,799 팔로워　18,965 팔로잉

규장각
#창덕궁 #정조 #왕실도서관

규장각 ☆입장하기 전 꼭 알아야 할 상식☆

규장각은 무엇인가요?

규장각은 조선 왕들의 글씨와 나라의 중요한 책들을 보관하는 곳이자, 학문을 연구하고 중요한 정책을 논의한 기관이에요. 조선 22대 왕 정조는 힘을 잃어 가는 왕조를 다시 일으킬 수 있는 비법이 학문을 소중히 여기고, 잘못된 정책을 고치는 데 있다고 보았어요. 그리하여 이를 해내는 데 필요한 인재를 키우고자 규장각을 세웠답니다.

왜 세웠나요?

임진왜란 이후 신하들은 무리를 지어 당을 만들고, 권력을 차지하려고 다른 당과 힘을 겨루며 끊임없이 다투었어요. 정조 때는 그중 노론이라는 당이 다른 당을 누르고 나라를 운영해 왕조차도 눈치를 봐야 했지요. 정조는 노론의 힘을 누르고자 자신을 대신해 싸울 인재들을 키우고 싶었어요. 왕이 힘이 있으려면 강력한 군대와, 왕의 뜻에 복종하고 실천할 관리가 있어야 해요. 그래서 왕만의 군대로 장용영이라는 부대를 키웠고, 왕의 정책을 세우고 실천할 규장각을 세웠어요.

어떻게 이루어져 있나요?

규장각이라는 기관에는 핵심 관리와, 여러 직책을 수행하는 잡직이 있었어요. 핵심 관리는 각신이라고 불렀는데 총 6명으로, 책을 관리하고 학문을 연구하고 정책을 세우며 왕의 비서 역할까지 했어요. 잡직 35명에는 책 속의 그림이나 의례 행사 기록인 의궤를 그리는 화원들과, 글씨를 베끼고 보관된 책들을 검사하고 고치는 검서관 4명, 법률관 1명 등이 있었어요. 그 밖에 심부름을 하는 이속 70명이 규장각에서 일했어요.

규장각 관리들은 무슨 일을 했나요?

규장각은 기본적으로 왕실의 책을 보관하는 곳이었어요. 정조 때는 청나라에서 수시로 책을 사들여 왔고 새로 출판하기도 했지요. 규장각 관리들이 이 수만 권의 책을 관리했어요. 시작은 이러했으나, 점차 왕의 비서 역할을 하고 중요한 정책을 같이 고민하는 등 왕의 권력을 키우는 핵심 역할을 하였어요. 나아가 학문을 연구하고 당시 나라 상황에 대한 고민과 토론을 이끌어 내며, 조선 후기 문화를 세종 시대 못지않게 일으켰어요.

1.
탕탕평평, 모든 당이 골고루

◆ ◆ ◆

 여기는 궁궐 안 연무장. 임금이 활을 쏘고 말을 타며 무예를 닦는 곳이에요. 저기 어마어마하게 큰 활을 당기고 있는 장사는 누구신가? 아, 말로만 듣던 문과 무를 동시에 갖춘 정조 대왕이군요. 조선 최고의 성군이자 인기 왕 세종 대왕은 언어, 문학, 음악 등등 많은 분야에서 천재라 할 만했어요. 그의 유일한 결점은 운동을 싫어하시는 거였어요. 많이 드시고 책만 봐서 몸이 상당히 무거워지셨다고……. 그래서 병을 달고 사셨다고 하는데 뭐, 사람이 다 완벽할 수는 없지요.
 우리 정조 대왕은 그와 달리 상당히 날렵하십니다. 책을 들면 모든 신하들을 압도하고, 활을 들면 모든 장수들을 능가한다고나 할까요?
 "피융!"
 "정확히 정중앙입니다, 전하!"
 "피융!"
 "또, 또, 정중앙. 과연 주몽의 현신이자 최고의 명사수, 태조 이성계의 후손답습니다."
 정조는 주변 신하들의 온갖 아첨에도 눈 하나 깜짝 안 하고 다시 활을 쏘았어요.
 "피융!"
 "……."

마지막 한 발이 빗나갔어요. 바로 옆에 서 있던 검서관 한 명이 외쳤어요.

"이번에도 50번째 화살은 빗나갔습니다. 과연 명궁이십니다."

정조가 아끼는 신하답게 속내를 잘 아는 것 같았어요. 옆에 있던 관리도 모두에게 설명하듯 외쳤어요.

"늘 화살 50발 중 49발만 명중시키고 나머지 하나는 빗나가게 하는 실력, 맞습니다. 다 맞히려고 하면 그중 하나는 운이 좋아 명중시킬 수 있어요. 일부러 하나를 안 맞히는 것이야말로 진짜 실력이지요."

정조가 씩 웃으며 답했어요.

"너무 완벽하면 사람답지 않아. 하나쯤은 비워야지."

완벽을 추구하는 정조가 일부러 한 발을 안 맞추다니 뜻밖이었

어요. 정조가 한 신하에게 활을 건넸어요.

"이 활을 규장각으로 보내. 내가 지시한 책을 가장 잘 쓴 각신에게 상으로 주도록."

정조는 신하들을 이끌고 정전으로 갔어요. 그곳에서는 다른 신하들이 기다리고 있었어요. 정조가 그들을 힐끗 보더니 한마디했어요.

"오늘도 여기저기 무리지어 있구먼. 아니, 나라를 다스리자는 거야, 무리지어 힘겨루기를 하자는 거야? 다들 섞어 앉아."

"전하, 마음이 맞는 사람끼리 모이는 것은 인지상정입니다. 억지로 섞으려고 하지 마십시오."

신하인데도 상당히 예의 없는 태도를 보였어요. 명색이 왕인데 신하에게 이런 대접을 받다니 정조의 체면이 말이 아니었어요. 그럼에도 정조는 표정 하나 변하지 않았어요. 한두 번 당하는 게 아

니었거든요. 정조와 신하들 사이에서는 대놓고는 말 안 해도 서로 무척이나 싫어할 수밖에 없는 사정이 있었어요.

　조선 중기 이후, 조정 신하들은 당을 나누어 편먹고 심하게 다투며 정치를 했어요. 그러다가 정조의 할아버지인 영조 시절 조금 잠잠해졌어요. 사실은 노론이라는 당파가 영조를 임금으로 내세워, 그들의 힘이 더없이 강력해졌기 때문이었어요. 즉 노론이 다른 당파를 누르고 있던 상황이었죠.

　영조의 하나뿐인 아들이자 정조의 아버지인 사도 세자가 이런저런 문제를 일으키자, 노론은 사도 세자를 죽이는 데 한몫해요. 그 후 사도 세자의 아들인 정조가 왕이 되었으니 노론으로서는 큰일인 것이었죠. 노론은 속으로는 정조를 왕으로 인정하고 싶지 않아 불손한 모습을 보여요. 대놓고 삐딱하게 굴기보다 정조의 정책에 자주 반대한다고나 할까요? 당연히 정조는 왕위에 오르자마자 아버지를 죽인 노론을 보고만 있을 수 없었겠지요. 그래서 다른 당에 힘을 주려고 애썼어요.

영조에 이어 정조는 여러 당이 사이좋게 지내라며 탕평책을 내세웠어요. '탕평'은 '모든 당이 공평하게'라는 뜻이에요. 하지만 속으로는 '왕보다 강해지려는 노론을 누르고, 다른 당도 골고루'라는 뜻을 담고 있었어요. 정조에게는 이런 계획을 앞장서서 밀고 나갈 '노론이 아닌 신하', 그것도 노론을 꼼짝 못하게 할 아주 똑똑한 신하들이 필요했지요. 그리고 왕의 권위에 도전하는 신하들을 누르고자 규장각을 이용하기로 했어요.

'난 왕이니 공식적으로 누구에게나 공평해야 해. 하지만 노론 저 작자들과 대신 싸워 줄 내 편도 많이 키워야 해.'

물론 자신의 편이 된 신하들이 그저 왕 대신 싸워 주기만을 바란 것은 아니었어요. 잘못되어 가고 있는 조선이라는 나라를 바로 세우는 데 붕당 정치가 걸림돌이 되니, 이를 바로잡으려는 것이었지요. 제대로 싸우려면 실력부터 키워야 하고요. 큰 결심을 한 정조는 그날 밤 일기에 이렇게 기록해 두었어요.

조선 최고의 두뇌를 모아 보자. 당파에 상관없이 고루고루.

조선이 강력해질 정책을 규장각의 두뇌들에게
연구하게 하자.

두뇌들이 연구할 책을 규장각에 무한대로 사 모으고
새로운 책도 펴내자.

규장각의 기록관과 화원들을 따로 뽑아서
중요한 모든 행사를 글과 그림으로 남기자.

조정 신하들이 똑똑해야 나라가 잘 굴러가는 법.
규장각에서 똑똑한 신하들을 교육하자.

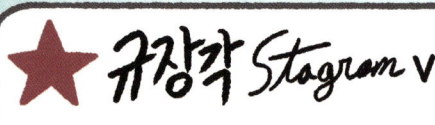 

988 게시물　26,781 팔로워　18,967 팔로잉

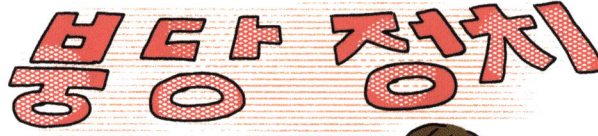

규장각

#노론 #사도세자 #탕평책

붕당 정치란 무엇인가요?

붕당 정치란 뜻이 같은 신하들이 무리 지어 당을 만들고, 당끼리 자신들의 주장을 펼치며 정치하는 것을 말해요. 서로 견제하면 상대방 눈치를 보느라 더 좋은 정치를 할 수 있지만, 다투기만 하면 오히려 큰 피해를 입을 수 있어요. 붕당 정치는 조선 중기 선조 때부터 시작되어 정조 시대가 끝나고 수그러들었어요. 그 뒤 한 집안이 권력을 잡는 세도 정치로 이어졌어요.

어느 당이 있었나요?

붕당은 처음에 동인과 서인으로 나뉘다가 동인은 남인과 북인으로, 서인은 노론과 소론으로 나뉘었어요. 어느 시대에는 동인의 세력이 강했다가 다른 때는 서인이 세지는 등 권력을 잡은 당이 계속 바뀌었어요. 정조가 막 왕이 되었을 때는 노론이 권력을 잡았지요. 노론은 정조의 아버지인 사도 세자를 죽이는 데 큰 역할을 했기 때문에 정조가 왕위에 오르는 것을 싫어했어요.

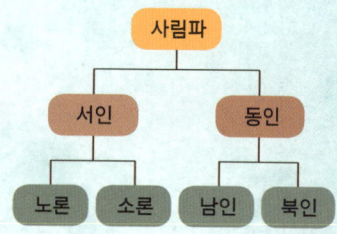

붕당 정치와 규장각은 무슨 연관이 있나요?

정조는 노론 혼자 세력을 부리는 것을 막고, 모든 당이 골고루 공평하게 정치에 참여하도록 했어요. 그래서 노론이 아닌 당 출신의 관리들을 끌어들였지요. 특히 37살 이하의 뛰어난 관리들을 뽑아 규장각에서 계속 공부하고 나중에 능력을 펼칠 수 있게 이끌었어요. 그러니까 규장각을 세우고 꾸려 나간 가장 큰 목적은 붕당 정치로 잘못 나아가는 정치를 바로 세우려는 것이었어요.

붕당 정치는 나쁜 건가요?

붕당 정치는 당을 이루어 서로 대립하고 싸우기 때문에 나쁘다고 생각하기 쉬워요. 그래서 당파 싸움이라는 말로 불리기도 하지요. 당을 이루어 서로 자기만 옳다고 주장하고, 우기는 일은 붕당 정치의 나쁜 점이라고 할 수 있어요. 하지만 당끼리 견제하고 올바른 경쟁을 하다 보면 꼬투리를 잡히지 않으려고 스스로 조심하는 등 긍정적인 일이 벌어지기도 해요. 오늘날의 야당, 여당이 있어 견제하는 것과 비슷하지요.

2.
공부의 신도
공부시킨
초계문신제

처음에는 규장각을 임금의 글과 그림, 왕실의 도서를 보관하는 기관으로 내세웠어요. 6명의 각신들은 이 책들을 관리하는 일을 맡았지요. 그런데 사실은 더 중요한 역할이 있었어요. 조정 회의 때는 임금 바로 옆에서 참여했으며, 왕의 비서인 승지보다 더 가까이서 왕의 명령을 수행하는 일이었어요. 왕과 세자의 공부인 '경연'과 '서연'에도 참여하고, 심지어 다른 신하들의 잘못을 발견하면 관직에서 물러나게 하는 권한까지 주어졌어요.

정조는 각신들의 또 다른 업무를 계획했어요. 바로 이미 뽑아 놓은 젊은 관리들 중 더 똑똑한 이들을 가려내, 더 공부시키라는 것이었어요.

"37세 이하 젊은 관리들 중 실력자들을 모아 놓고 공부시켜 매달 시험을 치른다. 규장각 각신들이 이에 대해 대책을 세우라."

그러자 각신들은 과거 시험에서 우수한 성적을 거두고 관리가 된 젊은 실력자들 가운데 스무 명가량을 뽑았어요. 뽑힌 이들은 같이 공부하고 시험을 쳐서 그 결과를 확인하며 능력을 키워 나갔지요.

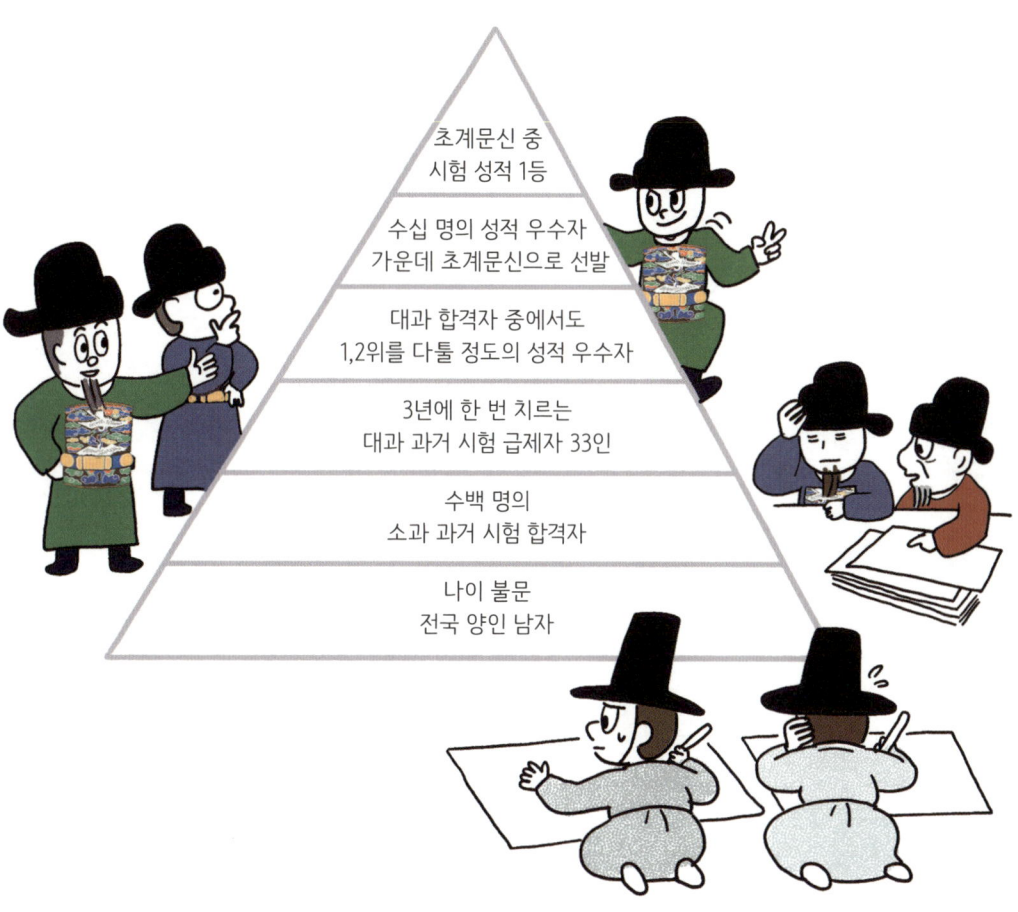

조정에서 나랏일을 의논할 때 자기주장을 세우려면 수천 년간 내려온 역사와 경전 등을 두루 알고 있어야 했어요. 그래야 그 지식을 근거로 삼을 수

있으니까요. 나랏일을 할 때도 자기 마음대로 정하는 것이 아니었어요. 중국과 우리나라에서 그동안 비슷한 일이 일어났을 때 어떻게 해결했는지를 찾아 따라야 했지요. 이렇듯 평소에 공부를 잘해 놓아야만 했어요.

규장각에서 철저히 공부해 능력을 키운 사람들은 다시 관리로 돌아가면 나랏일을 못할 수가 없었겠지요. 이 사람들을 '초계문신'이라고 하는데 이들이야말로 당대 최고 두뇌이자 능력 관리라고 할 만했어요.

초계문신 제도
관장: 규장각 각신
특징: 1년에 1번 초계문신을 뽑음(인물이 없으면 안 뽑는 해도 있음).
소속: 규장각
하는 일: 한 달에 2번 말로 시험, 1번 글로 시험
매달 시험 결과: 진급, 화살, 책 등의 임금이 내리는 상

드디어 초계문신들의 시험 날이 되었어요. 당대 최고 공부의 신들이 모였지요. 시험이 숨 쉬듯 편한 사람들이건만 오늘은 잔뜩 긴장해서 흐르지도 않는 땀을 자꾸 닦았어요.

'오늘은 대체 뭘 물어 보시려나······.'

정조와 규장각 각신들이 들어오더니 자리를 잡자마자 질문을 시작했어요. 가장 먼저, 지난 과거 시험에서 1등을 한 김장원을 가리키며 물었지요.

"주자가 《대학》에서 하늘과 백성에 대해 밝힌 부분이 과연 맞는 말인지

의견을 말해 보도록."

김장원은 너무 긴장해 달달 떨리는 오른손을 왼손으로 눌렀어요. 그러고는 소심하게 대답하기 시작했지요. 정조와 규장각 관리들은 김장원의 대답에 점수를 내리고 다음 질문을 다른 사람에게 이어 갔어요.

한참 시간이 흐른 뒤 종이와 붓, 먹 등 시험 도구들을 든 또 다른 규장각 관리들이 건물 안 빈청으로 들어갔어요. 그들이 다 들어가기도 전에 화가 잔뜩 난 임금의 목소리가 들렸어요.

"실력이 이렇게 형편없어서야……. 안 되겠어. 승지는 지금부터 담배를 피워라."

정조는 늘 이렇습니다. 왕의 비서인 승지가 담배를 한 대 다 피울 동안 초계문신들이 시를 쓰도록 했고, 잘 쓰지 못하면 벌을 내렸어요. 땀을 뻘뻘 흘리며 시를 짓던 신하 중 하나가 못마땅해했어요.

'해도 해도 너무 하는군. 나도 나름 신동 소리 듣고 자라, 이 시대 최고 천재로 불렸는데 말이야. 그런 나를 임금이 수시로 가르치려 들다니 자존심 상해!'

시간이 지나고 신하들이 글 시험 답안지를 냈어요. 아니나 다를까, 정조는 성적을 매기다가 또 혀를 찼어요. 결국 못 참겠는지 한 신하를 가리키며 명을 내렸어요.

"저자를 연못 부용지 안의 섬으로 유배를 보내라. 내일까지 거기 있으라고 해."

옆에서 듣던 규장각 최고 높은 각신이 정조를 말렸어요.

"전하의 눈이 너무 높으신 겁니다. 조선 최고 문장가 이서구의 시도 중간 점수를 주셨잖습니까?"

정조는 늘 자신이 모든 신하들의 스승이라고 자부하는 사람이었어요. 열심히 하라고 재촉하지 않으면 안 된다고 생각했지요. 그러나 신하들이 능력을 최대로 키우면 그 다음부터는 무조건 믿고 쓰는 왕이었어요. 각신이 말리자 정조는 화를 가라앉히고 말했어요.

"그렇게 한 것은 더 열심히 하라는 뜻이야. 자네도 그렇게 능력을 키운 덕분에 지금은 내 손발이 되어 훌륭히 해내고 있지 않은가."

호랑이도 제 말 하면 온다더니 이서구가 경상도에서 소식을 보냈다는 보고가 들어왔어요. 초계문신으로서 우수한 성적을 거둔 이서구를 정조는 암행어사로 파견했지요. 정조는 얼른 보고서를 달라고 했어요.

규장각 안에서 한창 바쁘게 일하던 각신들이 암행어사 소식을 듣고 술렁거렸어요.

"이서구 어른이 또 한 건 했다고?"

"그러게. 민심이 흉흉한 경상도 지역으로 내려가 무사히 암행을 마쳤을 뿐 아니라 전하께서 명령하신 일을 훌륭하게 해냈다더군."

"말이 좋아 암행어사지. 거지꼴로 돌아다니다가 암행어사인 게 들통나면 탐관오리들에게 죽임을 당하는 일도 흔한데!"

그때 책을 잔뜩 안고 들어오던 각신 하나가 소리쳤어요.

"난 못 해먹겠어. 과거 시험 문제가 뭐 애 이름도 아니고, 여태껏 나온 문제를 다 피하면서 새롭고 깊이 있는 문제를 어떻게 내냐고."

규장각 각신뿐 아니라 공부하는 관리들은 발이 땅에 닿지 못할 정도로 바빴어요. 임금의 특별 심부름까지 해야 하는데 이서구처럼 암행어사로 파견되는가 하면, 지방에서 보는 과거 시험인 '빈흥과'를 실시하러 가야 했어요.

지방의 숨은 인재들을 뽑고자 각 지역에서 특별 과거 시험을 실시한다.
돈이 없거나 집안 사정으로 한양까지 올라오지 못한 인재가 있으면
모두 시험을 치르도록.

시험 출제: 규장각 각신
시험 진행 및 감독: 초계문신 출신 규장각 관리

시험 문제로 고민하던 한 각신이 누군가를 발견하고 뛰어갔어요. 바로 정약용이었어요.

"이보게, 정 수찬(정약용). 이번에 탐라(제주)에서 빈흥과를 실시하는데 혹시 문제로 낼 만한 것 있나?"

"죄송합니다, 직제 어른. 저 지금 배다리 만들랴 성 쌓으랴 머리가 깨질 것 같거든요. 과거 시험 문제까지 생각해 낼 틈이 없습니다."

"성을 쌓는다고? 임금께서 인정한 최고 두뇌라지만 성까지 쌓으려니 어깨가 무겁겠군. 문제 내는 일은 나 혼자 해 보겠네. 어서 가서 일 보게."

각신은 바삐 달려가는 정약용의 뒷모습을 보며 혼자 중얼거렸어요.

"너무 똑똑해도 피곤해. 전하의 사랑을 받는다지만 뜯어고치고 싶은 세상일 모든 것에 앞세우니 잠잘 시간이나 있겠냐고. 아이고, 남 걱정 말고 빈흥과 일이나 챙기러 가자."

다음 날 규장각은 더 바빠졌어요. 다음 경연 때 다룰 기발한 주제를 뽑아 오고, 다음 과거 시험에서 능력을 제대로 평가할 수 있는 문제를 만들어 내라는 임금의 명령이 떨어졌거든요. 게다가 초계문신 가운데 빈흥과 시험 감독할 사람과 다음 암행어사들까지 정했으니, 어서 준비하라고 했어요.

다들 한숨 쉬며 생각했어요.

'이 모든 일들을 전하 한 분이 조정하신다니! 대체 전하는 잠을 주무시기나 할까?'

 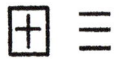

989	26,785	18,968
게시물	팔로워	팔로잉

규 장 각

#공부의신 #이서구 #인재양성

 초계문신제란 무엇인가요?

 초계문신제란 37살 이하 젊은 관리들 중 능력 있는 이들을 뽑아, 원래 일은 잠시 쉬고 규장각에 가서 더 공부하도록 하는 제도예요. 고려 시대나 정조 이전에도 관리들을 다시 교육하는 제도가 더러 있었어요. 세종 때 집현전 학사들 중 성적이 좋은 사람을 뽑아 집이나 절에서 책을 읽도록 한 '사가독서제'가 그 대표적 예이지요. 이런 제도는 잠시 실시되었다 사라진 반면, 정조의 초계문신제는 확실한 규정으로 오랫동안 유지되었어요.

초계문신은 누가, 누구를 뽑았나요?

영의정, 우의정, 좌의정 등이 있는 최고 국가 기관 의정부에서 추천하였고, 왕이 검토하여 적당한 사람을 뽑았어요. 일단 뽑히면 규장각에서 공부한 뒤 40살 이상이 되면 졸업할 수 있었어요. 초계문신을 지낸 사람은 정조 시대에 나라의 중요한 일을 대부분 담당했어요. 정조가 죽은 후에도 최고 고위직에는 초계문신을 지낸 사람들이 많았어요.

초계문신이 되면 무엇을 했나요?

《대학》, 《논어》, 《맹자》 같은 유교 경전을 공부하고 토론했어요. 매달 직접 묻고 답하는 시험 두 번과 글로 써 내는 시험을 한 번 보았어요. 시험 내용은 유교 경전을 외우고 해석하기와 논술 같은 문장 쓰기, 시 쓰기 등이었어요. 시험 성적이 우수한 사람은 승진하고, 연속해서 못 본 사람은 벌을 받았어요. 정조는 성적이 좋은 이들에게 귤, 활, 책 등의 상을 수시로 내려서 의욕을 북돋우고, 때로는 경쟁시켜 공부하는 분위기를 끌어올렸어요.

초계문신은 왜 뽑았나요?

정조는 과거 시험을 통과했더라도 계속해서 실력을 닦을 필요가 있다고 보았어요. 그렇게 하면 나라 전체의 공부하는 분위기를 높일 수 있고, 그 가운데 실력 있는 사람들을 더 많이 키울 수 있다고 생각했지요. 실제로 초계문신 출신들이 이끌던 정조 시대에는 시대에 맞지 않는 법을 고치고, 서자들의 차별을 없애거나 몇몇 사람들만 장사할 수 있었던 제도를 없애는 등 새로운 정책이 많이 나왔어요. 또 새로운 학문이나 문화에 대한 호기심이 높아지며, 세종 이후 침체되었던 과학, 지리, 역사 등의 분야가 발전했어요.

3.
최첨단 기술로 완성한 화성

◆◆◆

새로운 성을 짓는다는 소식에 신하들 사이에서도 뒤숭숭한 분위기가 감돌았어요.

"시골 벌판에 큰 성을 짓는다고? 그럼 거기 땅값 오를 텐데 미리 사 두어야 하나?"

"성 짓기 감독관으로 보내면 어떡하지?"

"나 집 지을 예정인데 기와값, 나무값 잔뜩 오르는 거 아니야?"

하지만 누군가의 한마디에 다들 안도의 한숨을 내쉬고 흩어졌어요.

"이제 시작하면 10년 넘게 걸릴 텐데 무슨 걱정이야?"

신하들의 반응을 들은 정조는 코웃음 쳤어요. 밤새도록 불이 켜져 있는 규장각을 보고도 10년이나 걸릴 것이라고 생각하다니!

정조가 화성 건설을 맡긴 정약용은 갓 서른 살이 된 젊은이였어요. 실용적인 학문에 정통한 똑똑이라, 정약용이 과거 시험에 합격하자마자 정조는 그 넓은 한강에 배다리를 만들라고 시켰지요. 정조의 기대를 저버리지 않고 배다리를 뚝딱 만들어 내서 모두를 놀라게 한 인물이에요.

정약용의 〈배다리〉 노래

한강이 드넓어 끝이 없고
그 깊이가 깊어 한이 없는데

이따금 거센 물결이 일어나
용이 숨어 있는 곳.
천 척의 배로 천을 짜듯 이어 놓으니
어느 누가 한강을 다리 없는 강이라 할소냐.
[중략]
견우, 직녀의 까마귀 다리처럼 강물을 메웠으니
여러분이 쓰는 데 편해졌으면…….

정약용은 정확한 과학 지식으로 이리 재고 저리 재서, 다른 시대에 800척을 연결해 지은 배다리를 단 30여 척으로 만들었어요. 어느 시대보다 튼튼하고 흔들림 없이 말이지요. 그런 인재에게 성 건설을 맡겼으니 정조는 든든했어요.

한편, 정조의 아버지 사도 세자는 할아버지 영조에 의해 뒤주에 갇혀 죽었어요. 정조가 아주 어릴 때 비참하게 세상을 떠난 것이었지요. 그래서 늘 아버지의 죽음에 남다른 감정이 있었어요.

정조는 오늘날 수원인 화산에 현륭원이라는 묘를 만들고 사도 세자를 모셨어요. 그러자 원래부터 그곳에서 살고 있던 주민들은 새로 살 곳이 필요해졌지요. 정조는 화성을 지어 그곳에 현륭원 근처에 살던 사람들을 옮겨 살게 하겠다고 했어요.

새로운 성곽 도시를 짓겠다고 하자 신하들이 난리쳤어요. 특히 노론 신하들은 크게 반발했지요.

"한양은 안 됩니다. 어찌 됐든 안 돼요. 새로운 도시를 만드는 게 말처럼 쉽습니까? 도시를 만들고 도성을 쌓자면 10년, 아니 20년 이상 걸릴 테고, 거기 들어가는 자원과 돈 하며, 백성들의 수고는 어찌 감당하실 겁니까?"

"만약 몇 년 안 걸리고, 다치는 사람도 거의 없이 뚝딱 세울 수 있다면 반대 안 할 텐가?"

"그런 게 어디 있습니까? 한번 보고 싶습니다."

한양과 가까운 새로운 도시에 정조의 새로운 군대인 장용영을 키우면, 노론 신하들은 이제 꼼짝 못하게 될 것이라는 불안감이 있었어요. 그런 생각에 무조건 막고 싶지만 겉으로는 백성들의 고생을 내세워야 했어요. 정조와 노론 신하들은 서로의 속셈을 알면서도 대놓고 말은 못하고 자기주장만 했지요. 정조는 한숨을 푹푹 내쉬며 내시에게 규장각 상황을 보고 오라고 살며시 명령을 내렸어요.

　내시는 규장각으로 달려갔어요. 규장각 2층 열람실 밖에서 두런거리는 소리가 들려 궁금증을 안고 올라갔지요. 규장각에서 심부름을 하는 이속들 몇 명이 발을 동동 구르며 안타까워하고 있었어요.

　"규장각 앞을 며칠 째 오가는데 불 한번 꺼지지 않고 문 한번 열리지 않았어요."

　"아니, 밥이나 드시고 일하시는지 모르겠어요."

　그러자 내시가 다가가 물었어요.

　"도대체 방 안에서 연구 중인 사람이 누구기에 다들 이리 조심스럽지?"

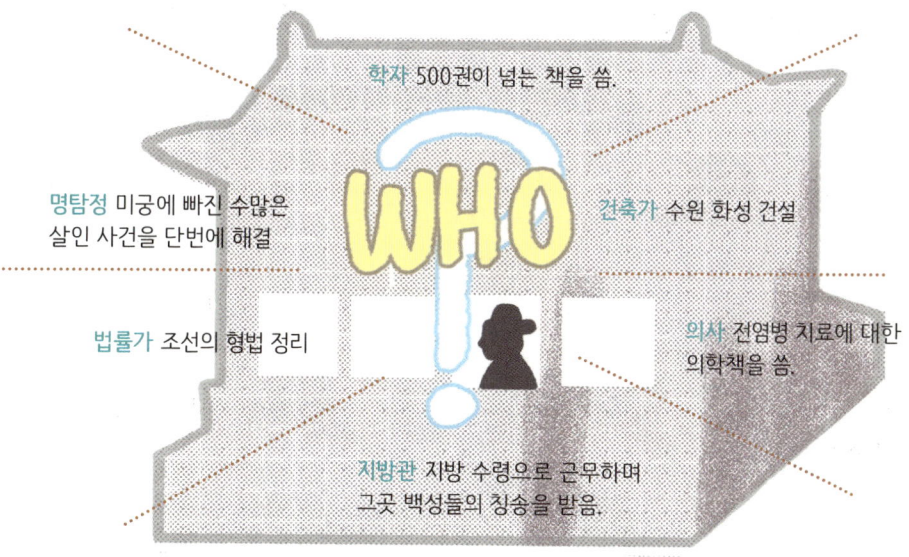

규장각 바깥쪽에서는 여러 관리들이 머리를 맞대고 있었어요.

"저 안에서 정약용이 연구 중이라지?"

"유래 없이 빠르고 안전하게 성을 지으라는 명령을 받았다더군."

"난 못 해낸다에 100냥 걸지."

"난 200냥!"

규장각 열람실 문은 여전히 꽁꽁 닫혀 있었어요. 한참 뒤 드디어 문이 열렸어요. 정약용은 눈 밑에 새파란 멍을 주렁주렁 달고 나왔어요. 그러고는 임금이 있는 곳으로 걸어갔어요. 내시가 따라가며 정약용이 들고 있는 책과 문서 등을 받아 들었어요.

정약용은 겨우 정조 앞에 서더니 부들거리는 팔을 간신히 잡으며 보고서를 올렸어요. 이를 본 정조가 깜짝 놀랐어요.

"3년 안에 성을 완성하겠다고? 최소 10년 이상은 걸릴 텐데?"

"그뿐만이 아니라 일꾼들이 다치거나 죽는 일이 거의 없도록 하겠습니다."

주변 신하들이 두런거렸어요. 집 한 채를 지어도 다치는 사람이 많은데, 큰 돌을 많이 쌓아야 하는 성을 짓는데도 그럴 수 있다니 말이 안 된다고 생각했어요.

다음 날 소식이 퍼지자 과연 3년 안에 성을 지을 수 있는가를 두고 또 내기가 벌어졌어요.

"난 '짓는다'에 걸어. 정약용은 초계문신 출신이야. 그중에서도 성적이 뛰어났던 천재라고."

"아무리 그래도 한 도성을 새로 세우는 건데 3년이 말이 돼?"

"맞아. 나도 '못 짓는다'에 건다."

그러거나 말거나, 정약용은 차근차근 일을 시작했어요. 다시 규장각으로 들어가, 그동안 청나라에 다녀오면서 사 온 건축 기술에 관한 책들, 기구에 관한 책들을 몽땅 모았지요. 마침내 연구한 결과들을 들고 나와 이렇게 소리쳤어요.

"유레카! 다들 모여!"

정약용이 발표한 성 건축 계획은 모두를 깜짝 놀랬어요. 화성은 커다란 한 도시를 돌벽으로 둘러싸 세운 것이에요. 그 안에서 농사도 짓고, 장사도 할 수 있어요. 한쪽에서는 왕의 군대인 장용영의 훈련도 할 수 있도록 해 달라는 정조의 요청도 충분히 담았지요. 성 안에서 백성들이 모든 것을 해결할 수 있을 뿐 아니라 잘살 수 있는 정조의 꿈이 담긴 도시였거든요. 꿈의 도시를 건설하는데 정약용이 금방 해낼 수 있다고 장담하니 믿기지 않을 정도였죠.

내기를 건 사람들 사이에서 한바탕 소란이 일었어요.

"진짜로 3년 안에 완성하는 거 아니야?"

"정말 다쳐서 죽는 사람 거의 없이 성을 지을 수 있다고?"

정약용의 계획안에 맞춰 성 짓기가 시작되었어요. 총책임자는 영의정 채제공 대감이었어요. 규장각 각신들은 성이 다 지어지면 전체적인 배치를 책으로 만들 준비를 하였어요. 규장각 소속 화원들은 화성을 짓는 내내 그 과정을 그림으로 그리기로 했고요. 국가 행사를 그림으로 그려 묶은 책을 '의궤'라고 해요. 그래서 화성을 짓는 과정을 그린 의궤를 《화성성역의궤》라고 이름 붙였지요.

시간이 흘러 드디어 화성이 완성되었어요. 내기를 건 사람들도 외쳤지요.

"내가 이겼어! 겨우 2년 8개월 걸렸다고."

"말이 돼? 10년 이상 걸릴 공사를 3년도 안 되어서 끝내다니."

"사람들이 거의 안 다쳤어. 내가 이겼으니 돈 내놔."

정조도 완성된 화성에 가려고 여러 날 준비했어요. 자신이 꿈꾸던 도시가

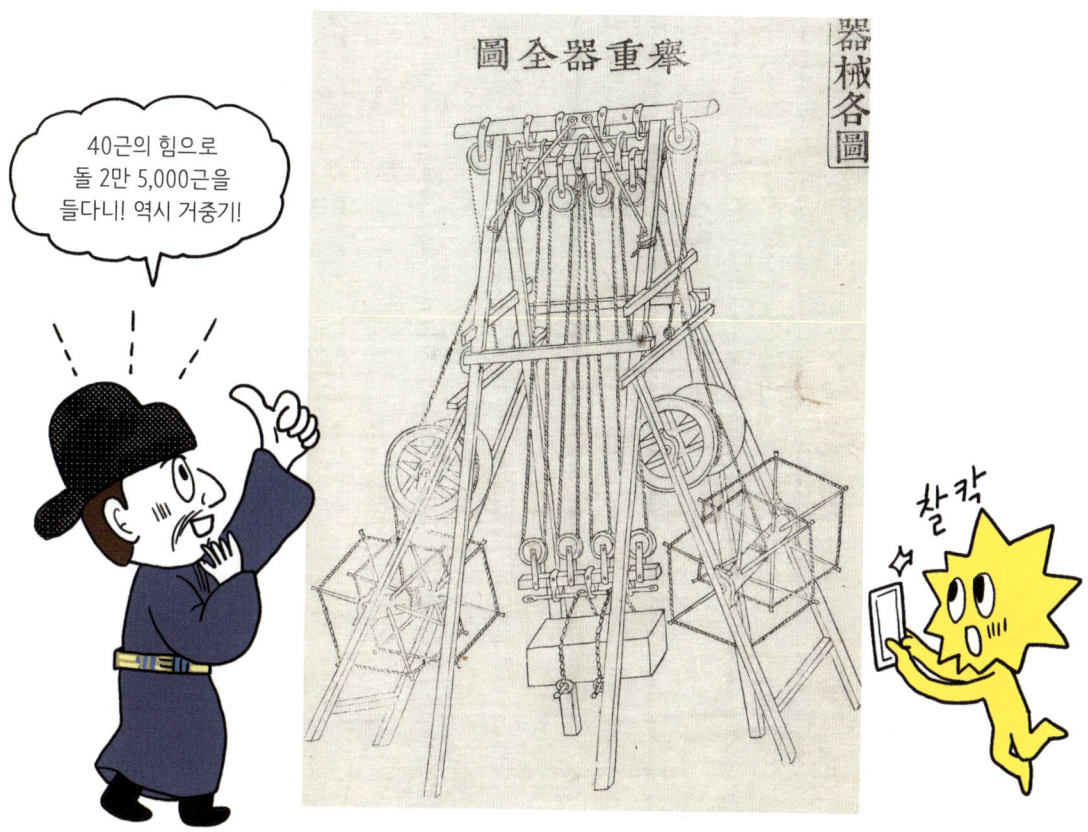

《화성성역의궤》에 실린 거중기 그림

제대로 만들어졌는지 무척 궁금했어요. 몇 해 전에 정약용이 만들어 놓은 배다리를 건너, 한양 아래 신도시 화성으로 긴 행차를 하기로 했지요.

웅장하고 긴 행렬을 이끌고 한 걸음 한 걸음, 자신이 꿈꾸던 도시를 보러 나아갔어요. 마침내 도착! 화성 안 가장 높은 건물인 서장대에 선 정조는 도시 전체를 내려다보다 울컥했어요. 드넓은 논밭, 전국 상인들이 모여드는 시장, 커다란 군사 훈련장, 농사에 필요한 저수지 등 모든 것이 갖추어졌어요. 이곳을 튼튼한 성벽이 둘러싸고 있었고요. 여기저기 눈을 돌리다 저 멀리 농사를 짓고 있는 백성들이 눈에 띄었어요.

'이렇게 아름다운데 튼튼하기까지 하다니. 게다가 이 안에서 모두가 잘 먹고 잘살 수 있어!'

화성은 한양과 달리 성 안에서 농사를 지어 먹고살 수 있는 곳이에요. 전쟁으로 성문이 닫힌다고 해도 얼마든지 견딜 수 있어요. 그래도 제대로 해내려면 농사에 특별히 신경 써야 해요. 정조는 어떻게 문제를 해결할까 고민하다가 어제 한 신하의 보고가 떠올랐어요.

"공자 왈, 맹자 왈 인간의 정신과 도덕, 이런 것보다는 먹고사는 것이 더 중요하다고 주장하는 사람들의 학문 덕택에 화성이 빠르고 튼튼하게 지어졌습니다."

"먹고사는 일이 공자, 맹자보다 더 중요하다? 맞아. 나는 화성을 지어 어떻게 하면 백성들이 배불리 먹을 수 있는지 시험한 거야. 화성 같은 곳이 열 개, 스무 개가 된다면 조선 백성 전체가 잘 먹고 잘살겠지. 일단 화성이란 기초는 세웠으니 그 안에서 돈이 퐁퐁 나오는 방법을 연구하는 자들을 불러들여야겠군."

실용적인 학문이기에, 실생활을 편리하게 하는 과학 기술을 파고드는 게 당연해요. 정약용도 이런 자세가 있기에 중국에 들어온 서양의 과학 기술에 대해 꾸준히 연구해 왔지요. 덕분에 화성을 지을 때 그 기술을 적용할 수 있었고요. 이렇게 실용적인 학문을 오늘날 실학이라고 해요. 실학자들은 주로 농업과 상업의 발달에 중점을 두어, 백성들이 더 잘 먹고 잘사는 법을 연구하는 사람들이지요.

서북공심돈
서북각루
화서문

자급자족 가능한 신도시

서장대

완성된 화성이다!

화성행궁

서남각루
(화양루)

팔달문

동남각루

동이

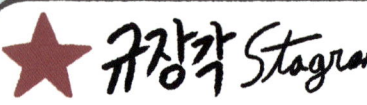 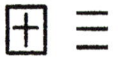

990	26,788	18,969
게시물	팔로워	팔로잉

규장각

#거중기 #정약용 #계획도시

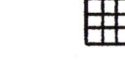

 화성이란 무엇인가요?

 화성은 오늘날 수원에 해당하는 곳에 긴 성곽으로 둘러싸서 세운 도시예요. 성곽 전체 길이는 약 5.7킬로미터이며, 높이 4~6여 미터의 성벽이 약 130만 제곱미터의 면적을 에워싸고 있어요. 화성 안에는 여러 다락집인 루, 높은 건물인 대 등 48개 시설이 있고, 정조가 와서 머문 행궁도 있어요. 도시 한가운데에는 백성들의 집과 큰 시장, 농사를 짓는 데 쓰일 저수지와 나무를 벨 수 있는 산도 있었어요. 화성은 한마디로 요새 역할도 하면서 그 안에서 백성들이 잘 먹고 잘살 수 있게 한 우리나라 최초의 계획 도시예요.

수원 화성은 왜 지었나요?

화성은 사도 세자의 묘를 옮겨 짓고, 그곳 현륭원 근처의 주민을 옮겨 살게 할 목적으로 지은 도시예요. 그런데 사실은 정조가 꿈꾸는 새로운 도시를 실현하고자 세운 것이라 할 수 있어요. 정조는 한 도시 안에서 농사도 짓고 상업도 하고 군사 훈련도 하는, 군사와 주민 생활이 동시에 가능한 이상적인 도시를 꿈꾸었지요. 이 밖에도 숨은 의도가 있었는데 바로 군대를 키우는 장소를 마련한 것이었어요. 정조는 당시 왕과 팽팽한 힘겨루기를 했던 노론 신하들을 누르려고 두 세력을 키웠어요. 정치적으로는 규장각을 중심으로 한 신하들이고, 군사적으로는 장용영이라는 군대였어요. 화성은 장용영이 주둔한 곳으로, 이렇게 큰 군대가 있는 한 노론 신하들도 정조에게 굴복할 수밖에 없었지요.

화성의 남다른 점은 무엇인가요?

화성은 유네스코에 등록된 세계 문화유산이에요. 그 이유는 아름다우면서 튼튼하고, 지형에 맞게 우리 전통 성 쌓기 기법과 서양의 기술을 결합해 완성되었기 때문이에요. 예를 들어, 정문과 후문 앞에 반항아리 모양으로 옹성이라는 이중 성벽을 쌓아, 성벽과 옹성 벽에서 동시에 공격할 수 있지요. 또한 공심대라는 안이 빈 사각 대를 쌓아 그 안에서 병사들이 숨어 공격할 수 있게 한 것은 우리나라 성들과 다른 점이에요.

완성된 화성 안에서 백성들은 어떻게 살았나요?

화성 공사는 1794년 2월에 시작돼 2년 8개월 만에 완성되었어요. 정조는 사도 세자의 능을 방문하고 어머니 혜경궁 홍씨의 환갑잔치를 여는 일 등을 화성에서 벌였어요. 화성의 시장은 전국 곳곳에서 상인들이 모여들었고, 논과 밭에서는 매일 백성들이 열심히 농사를 지었어요. 정조가 꿈꾸던 도시가 계획대로 잘 돌아간 셈이지요.

4.
더 잘 먹고 잘사는 법을 연구한 실학

❖ ❖ ❖

　노론 어느 신하의 집에서는 동료들 몇이 모여 화성 건설을 두고 떠들어댔어요.

　"이렇게 빨리 지을 줄이야."

　"실용, 실용 하더니 책에 있던 지식이 이렇게 실제로 잘 쓰이다니!"

　"글쎄 말이야. 백성들이 안 다치고 나라 돈이 적게 들었으니 좋다고 해야 할지, 무조건 막았던 우리가 틀렸다고 결론 났으니 나쁘다고 해야 할지……."

자기 당 유리하자고 나라를 못살게 할 수도 없으니 노론 신하들은 참 곤란했어요. 토론할수록 한숨만 나왔지요.

"지나간 건 어쩔 수 없다지만 그놈의 개혁이 이제 더 본격적으로 이루어질 것 같으이. 임금은 달과 같아 구석구석 백성을 비추어야 한다는 주장 기억나나? 그 달이 휘영청 뜬 셈이야. 아주 대보름이라고."

"다음은 어느 분야이려나?"

이 신하들의 말은 바로 다음 날 현실이 되었어요. 정조는 실생활에 도움이 되는 연구를 과학에 이어 농업에서 실현해 보기로 하였지요. 규장각 각신이나 초계문신들에게 수시로 받는 보고서를 살펴보니, 농사 문제를 뜯어고치는 것이 시급했기 때문이에요.

정조가 왕이 되기 전, 전쟁이 휩쓴 조선 땅은 몹시 척박했어요. 그러자 농민들은 끊임없이 땅을 일구며 되살려 왔어요. 겨우 기름진 땅으로 되돌려 놓았지만 이제는 사람 수가 너무 많아졌어요. 여전히 땅은 부족하고 그 땅에서 나는 농산물도 모자랐지요. 이런 상황을 지켜보던 신하들은 농사 기술을 발전시켜야 한다고 생각했어요. 나아가 더 좋은 방법으로 땅을 나누고 세금을 거두면 백성들이 더 잘살 수 있을 거라고 주장했어요. 정조는 이 이야기들을 늘 되새기고는 했지요.

'백성들 대부분이 농민이다. 농민은 먹을 것을 하늘로 삼는다고 내 우상 세종 할아버지가 말씀하셨지. 세종 할아버지를 본받아 농민들을 잘 먹고 잘살게 할 방법이 없을까?'

정조는 규장각 각신 하나를 불러 물었어요.

"이제 말 그대로 백성을 배부르게 할 개혁을 이루어 내고 싶네. 내 고민을 해결할 자를 추천해 주게."

"실생활에 필요한 학문을 잘 아는 자여야겠지요? 그럼 전하의 두 모범생, 서유구와 정약용에게 맡겨 보세요."

각신의 말에 정조는 속으로 구시렁댔어요.

'내 두 모범생? 서유구라면 몰라도 정약용이 무슨 모범생이야. 무언가를 가르치려고 하면 더 배울 게 없다는 표정으로 나를 은근히 노려보는데.'

서유구와 정약용은 초계문신이라 틈만 나면 정조와 공부하고 시험을 봐야 했어요. 정조는 임금이 선생이 되어 두루 가르쳐야 한다고 생각해, 늘 이런저런 설명을 하고는 했어요. 그러나 정약용은 누군가에게 가르침을 받기에는 너무 뛰어난지라 아무리 임금이라도 자꾸 가르치려 드는 게 싫었어요. 정조도 이것을 알고 있었지요.

그런데 정약용과 앞서거니 뒷서거니 하며 1등을 주고받는 사람이 있었어요. 바로 서유구예요. 서유구로 말할 것 같으면 규장각과 가장 친한 사람이었어요. 할아버지가 규장각을 세우는 데 큰 역할을 했으며, 규장각의 최고위 관직을 지냈어요. 아버지와 작은아버지도 규장각 각신이었지요. 서유구도 과거에 합격하자마자 규장각 초계문신을 지내고, 이후 규장각에서 책을 관리하는 대교로 일했어요.

서유구는 책을 가까이해 규장각에서 일하는 것과도 어울렸어요. 규장각이 처음 세워질 때 보관된 책이 3만 권이었다고 하는데, 서유구 집에는 8,000권이 있었다고 하니 정말 책을 좋아하는 사람이었어요. 그러니 조선

에서 책을 가장 많이 쓴 정약용과 선의의 경쟁자라고 할 만했지요. 정조는 두 사람 중 한쪽만 너무 써먹어도 안 되겠다고 생각했어요. 각신이 정조의 뜻을 깨닫고 제안했어요.

"정약용이 배다리다 화성이다 활약이 대단하지 않았습니까? 서유구도 뭔가 벼르고 있을지 모릅니다."

정조는 고개를 끄덕였어요. 둘 다 자신이 매우 아끼는 신하로, 미래의 조선을 이끌어 갈 인재인 만큼 반드시 좋은 방안이 나올 것이라 믿었지요.

　다음 날 규장각에는 초계문신 시험에 농사법에 대한 문제가 나올지 모른다는 소문이 은밀히 돌았어요. 각신이 말실수를 했던 건지 일부러 퍼뜨린 건지는 몰라요. 어쨌든 화성도 다 지어졌고, 농사법에 대해서는 늘 임금이 걱정하는 것이니 시험 문제로 나와도 이상할 게 없었지요.

　"전하께서 가장 본받고 싶어 하는 분이 세종 대왕이셔. 세종께서는 전국 농사왕들을 모아놓고 방법을 물으셨지. 우리가 그 농사왕이 돼 보자고."

　초계문신들은 이렇게 다짐하며, 규장각의 책이 보관돼 있는 장서각을 밤낮으로 뒤지기 시작했어요. 그런데 한쪽 방에서 하루 종일 서유구와 정약용이 소곤대는 소리가 들렸지요.

　"그러니까 가지는 일단 ……."

　"녹두를 수확하면 ……."

　둘이서 어쩌고저쩌고하는 소리가 밖으로 조금씩 새어 나왔어요. 임금의 명을 받아 두 사람을 살피러 온 내시가 돌아와 흐뭇한 목소리로 보고했지요.

"전하, 두 사람은 가지나 녹두와 같은 농작물에 대해 이야기하고 있습니다. 목소리가 잔뜩 들떠 있는 것이 작물을 많이 거둘 수 있는 좋은 방안이 있는 듯합니다."

보고를 들은 정조는 시험 날이 기대되었어요. 임금이 어떤 마음인지도 모르는 서유구와 정약용은 거의 밤을 새다시피 하며 이야기를 나누었어요.

서유구가 아는 조미료법이 수백 가지나 된다니, 정약용이 놀라 물었어요.

"수백 가지? 자네는 종일 책을 읽는 걸로 아는데 언제 음식을 그렇게 만들어 봤어?"

"하고자 하면 늘 시간은 낼 수 있지요. 더군다나 저에게는 살림법에 정통한 형수님이 있지 않습니까?"

서유구의 형수님은 《규합총서》라는 음식과 살림법에 관한 백과사전을 쓴 최초의 여성 실학자예요. 음식을 맛있게 만드는 법, 바느질을 잘하는 법 등을 늘 기록하는 분이셨지요. 덕분에 서유구는 맛있는 음식들을 만드는 비법을 알 수 있었고, 이를 나중에 책으로 쓸 작정이었어요.

다음 날 정조는 둘이 얼마나 성과를 이루었는지 직접 알아보기로 하고, 몰래 규장각으로 갔어요. 문틈으로 살펴보니 서유구와 정약용은 여전히 한쪽 구석에서 주거니 받거니 이야기 중이었어요.

'음, 토론을 대체 며칠째 하는 거야? 너무 열심히 하는데……'

정조는 무슨 이야기를 나누는지 알고 싶어 귀를 바짝 대고 들었어요.

"고기를 양념해서 숯불에 굽는 게 제일 맛있어요. 이때 한 번 굽고 나면 찬물에 헹구었다가 다시 양념 발라 굽는 거 아시죠?"

"양념이 다 씻길 텐데 아이고, 아까워라."

정약용이 입맛을 쩝쩝 다시며 말을 이었어요.

"날도 더운데 맛난 고기 요리를 먹으면 힘이 나겠어, 쩝. 여름에는 오이를 넣은 만두인 과사두를 먹어야지."

"과사두요?"

"응, 오이를 가늘게 채를 썰어 고기, 버섯 다진 것과 섞어 만두소를 만든 뒤 만두피에 넣고 빚는다네. 시원하면서도 기가 막힌 맛이지."

알고 보니 둘은 농사법이 아니라 음식 만드는 법을 이야기하고 있었어요. 그러면 그렇지, 서유구와 정약용은 맛에 아주 민감한 신하들이었어요. 규장각 부용정에서 꽃잔치라도 할라치면 나오는 음식을 품평해 대는 것으로 유명했지요.

"농산물에 대해 토론하는 줄 알았는데 먹는 이야기 중이었어? 그럼 내내 놀았단 말이야? 내일 시험 때 두고 보자!"

정조는 화가 나 상으로 들고 온 과일을 냅다 집어던지고 돌아갔어요.

시험 날이 닥쳤어요. 서유구와 정약용은 벌벌 떨며 시험장에 앉았어요. 무슨 일인지 모르지만 임금이 둘의 대화를 듣고 화를 내고 갔다고 하니까요. 틀림없이 시험을 치르면 무슨 꼬투리를 잡아서라도 둘을 혼낼 게 뻔했어요.

정조는 시험을 시작한다는 소리가 들리자마자 호통치듯 말했어요.

"오늘은 답을 쓰는 것이 아니라 묻고 답하기 시험이다."

초계문신 시험에는 유교 경전 문제를 읽고 쓰는 시험이 있는가 하면 여러 세상일에 대해 묻고 답하는 시험이 있었어요. 이번에는 묻고 답하기 시험으로, 농부들이 배불리 먹고 살게 할 수 있는 방법이 무엇이 있는지 답하라고

했어요. 정조는 특히 서유구와 정약용을 노려보며 입을 열기만을 기다렸어요. 먹을 것을 그리 연구했으니 그것을 만들어 내는 농사에도 방법이 있나 보자는 마음이었지요.

"정약용, 자네 답은 무엇이냐?"

"농부들이 배불리 먹게 할 대책으로는 수백 가지가 있습니다. 농사 기술을 발전시켜야 하고, 날씨를 잘 살펴야 하며, 논밭을 많이 만들어야 합니다. 그중에서도 땅을 운영하는 것이 중요한데요, 땅 하나를 몇 집이 공동으로 농사지어서, 일을 많이 한 만큼 수확물을 가지게 한다면……."

며칠 동안 음식 이야기만 하던 사람답지 않게 농업 문제로 한 시간을 떠들었어요.

정조는 야단치려는 마음을 저 깊은 곳으로 넣어 둘 수밖에 없었어요. 곁에서 듣던 다른 초계문신이 옆의 동료에게 입을 벙긋대며 속삭였어요.

"농업이 나라 산업의 근본이요, 농민이 백성의 전부라고 한마디해 볼까?"

"유교 경전에 있는 말만 떠드는 걸 전하께서 가장 싫어하시는 거 몰라?"

"그렇다고 가만있을 수는 없잖아?"

그때 서유구가 나섰어요.

"많은 농작물을 거두려면 일단 청나라에서 선진 농업 기술을 들여와야 합니다. 청나라에는 신기한 농기구들이 많은데, 조선의 뒤떨어진 기구보다 훨씬 효율적입니다. 또 흉년에 대비해서 날씨나 땅이 안 좋아도 잘 자라는 작물의 씨앗을 들여와 심어야 합니다. 듣자니 청나라에서는 그런 작물을 서쪽 나라에서 들여왔다고 하는데…….”

그러더니 휘리릭 글을 썼어요. 한참을 써서 임금에게 바치는데 이른바 〈농대〉라는 농사에 대한 대책을 생각해 낸 글이었지요.

정조가 젊은 뇌를 다그치고 훈련시킨 이유는 이렇게 새로운 방법, 획기적인 기술을 내놓게 함이었어요. 서유구가 말한 새로운 농사 방법으로 같은 넓이의 땅에서 훨씬 많은 농산물을 생산할 수 있겠다 싶어, 정조는 입이 찢어져라 웃고 싶었지요. 하지만 다시 정색하고 다른 초계문신들을 둘러보았어요.

정약용이 씩 웃으며 책을 하나 바쳤어요.

"여기, 조선을 강하고 잘살게 하려면 농업을 발달시켜야 한다고 주장한 책이 있습니다."

그 책은 앞 시대에 유형원, 이익 등이 쓴 것이었어요. 그들은 정조가 그동안 눈여겨보았던 실제적인 학문, 특히 농업에 관해 실제로 적용해 볼 수 있는 새로운 주장들을 내놓은 사람들이었어요. 그들의 간단한 주장만 들었을 뿐 자세한 이론은 본 적이 없었는데, 마침 정약용이 정리해 내놓은 것이지요. 정조는 목말랐던 사람이 물을 얻은 기분이었어요.

"나라의 근본은 백성이요, 백성은 먹을 것을 하늘로 삼는다는 세종 대왕의 말씀을 항상 되새기는 바이다. 앞으로도 농사에 관한 새로운 기술이나 기구 등을 계속 연구하도록 하라. 또한 각 고을 수령들은 이 새로운 방법들을 앞장서서 시도하고 결과를 보고하도록 하라."

정조는 욕심이 많은 임금이었어요. 농업을 발전시키자니 다른 산업도 생각났어요.

'청에 다녀온 신하들이 보고한 내용들을 이번에 실험해 볼까?'

정조는 청나라에 다녀온 사신들의 보고를 늘 흥미롭게 들었어요. 같은 사신으로 다녀와도, 유교 경전에 매달리는 신하들은 청이 오랑캐라 문명이 뒤쳐졌다며 볼 것도 없다고 했어요. 그러나 조선도 잘살아 보자며 강력하게 주장하는 몇몇 신하들은 달랐어요. 청이 오랑캐지만 이전 문명을 기반으로 더욱 발전한 데다 서양의 과학 기술까지 들여와 조선보다 훨씬 발달했다고 알렸어요. 그러고는 조선도 잘살게 하는 비결이 바로 돈이라고 했어요. 배불리 먹는 것으로 끝나지 않고, 돈이란 걸 많이 벌어 더 좋은 물건을 만들고, 그것으로 더 발전된 기구를 만들면 모든 것이 좋아진다나?

정조는 청에 다녀온 신하들을 하나씩 떠올렸어요. 장사하는 것에 관한 옛법이 문제가 되니, 고칠 필요가 있다고 했던 신하들도 생각났지요. 상업

농업은 유교에서도 강조하니 고리타분한 신하들도 농업의 개혁은 찬성하는 게 당연해. 하지만 청나라처럼 농업 말고 다른 산업을 키우자고 하면 물불 안 가리고 반대하겠지. 어쩔 수 없지. 앞장서 싸울 사람들을 모으자.

과 공업에 대해 단 한 번이라도 침을 튀겨 본 적 있는 신하들이라면 모두 불러 모으기로 했지요.

"다음 시간에는 먹는 것 말고 입고, 쓰고, 사는 것을 더 좋게 만들 필요가 있는지, 그러려면 어떻게 해야 하는지 논의하겠다."

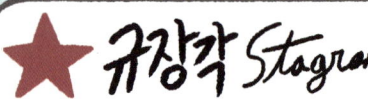 

991 게시물   26,790 팔로워   18,971 팔로잉

규장각

#부국강병 #서유구 #실학자

 실학이란 무엇인가요?

 실학이란 실생활에 관련된, 그러니까 실제 생활에서 쓰이는 학문이란 뜻이에요. 실학은 조선 시대 이미 있던 유학과 완전히 다른 것은 아니에요. 유학의 우주 질서나 도리, 이치 등이 실제 생활과 동떨어져 있으니 거기에서 벗어나, 살아가는 데 실제로 도움이 되는 것이 무엇인지 고민하던 학문이라고 할 수 있지요. 임진왜란과 병자호란을 겪은 조선에는 우주의 흐름이나 인간 사회의 도덕을 공부하는 것으로 나라가 강해지고 백성들을 잘 살게 할 수 있는지 의문을 품던 학자들이 생겨났어요. 잘 먹고 잘살 수 있는 방법이 무엇일지 고민하면서 실학이 싹트게 되었습니다.

실학자들이 주장했던 내용은 무엇인가요?

조선의 실학은 부국강병, 즉 나라가 잘살고 강해지는 방법을 주로 다루었어요. 잘 먹고 잘사는 방법은 산업을 일으키는 것인데, 당시 산업으로는 농업과 상업이 있었어요. 그리하여 농업을 중점적으로 키워야 한다는 파와 상업을 중점적으로 키워야 한다는 파가 생겨났지요. 농업을 강조하는 중농학파에는 유형원, 이익, 정약용, 서유구 등이, 상업을 강조하는 중상학파에는 박지원, 박제가, 홍대용 등이 있었어요.

실학은 어떤 변화를 불러 왔나요?

유학은 실제 생활이나 물건이 아닌 인간의 정신세계를 연구했어요. 그러다 보니 과학이나 기술 분야를 아주 하찮은 것으로 보았어요. 이 점을 실학자들이 비판하고 나섰고, 이후 서양의 천문학을 비롯한 자연 과학과 기계 발명 같은 기술에 관심이 시작되었어요. 사물에 관심을 두다 보니 세상 모든 것에 대한 궁금증을 해결할 백과사전도 나왔고요. 또 중국보다는 우리 민족에 관심을 두니 우리 역사책과 우리 땅의 지도도 많이 펴냈어요. 그림도 중국 산, 중국 동물들을 그렸던 것에서 우리 산과 들, 우리 동물과 사람들을 그리는 것으로 흐름이 바뀌었고요.

실학자 서유구의 업적은 무엇인가요?

서유구는 지방 수령으로 일했던 경험과 나중에 관직을 그만두고 농촌에 내려가 살면서 겪은 경험을 합쳐 농업을 발달시킬 수 있는 책들을 펴냈어요. 저수지나 댐 등을 만들 것, 농사 기술을 쓴 책을 보급할 것, 농토를 새롭게 나눌 것 등을 쓴 《의상경계책》이 있어요. 흉년에도 잘 자라는 고구마의 씨앗을 들여와 널리 심을 것을 주장하고, 키우는 방법을 쓴 《종저보》도 있지요. 농사와 먹고, 입고, 사는 데 필요한 모든 지식을 백과사전식으로 쓴 《임원경제지》도 있어요. 113권 52책으로 2만 자가 넘을 정도로 엄청나서, 농사와 일상생활을 잘 해내는 데 필요한 모든 지식을 담고 있다고 해도 과언이 아니에요.

5.
백성과 나라가 풍요로워지는 길, 상업

◎ 이름: 박제가
◎ 나이: 1750~1805년
◎ 경력: 검서관, 양평 현감 등
◎ 특기: 경제학자, 저술
◎ 특이 사항: 다방면에 뛰어남.

◆ ◆ ◆

뜯어고치는 일이라면 질색하는 고리타분한 신하들과 그들에 맞설 규장각 각신, 초계문신 군단이 모두 모였어요. 정조는 농업만으로 나라가 부강해지는 데 한계가 있다며 다른 방법을 찾아보자고 했지요.

'어차피 답은 상공업'이지만 속 시원하게 의견을 내놓는 신하들이 별로 없었어요. 아무리 정조의 입속 혀 같은 각신이라도 장사, 돈을 멀리해야 한다고 태어나서부터 교육 받았으니까요. '자고로 군자란 돈처럼 천박한 것에 욕심을 부리면 안 된다'고 했으니, 상업 이야기를 쉽게 꺼내지 못했지요.

사농공상! 조선 백성들은 직업에 따른 계급이 있었어요. '사'는 선비로 맨 위, 그 아래는 농민의 '농', 다음은 물건 만드는 공장(장인)의 '공', 맨 아래가 상민의 '상'이었어요. 천민(노비)은 사람으로 치지 않았기 때문에 패스. 누구를 무시해서가 아니라 조선 시대에는 그랬어요. 아무튼 백성 중 맨 아래인 상인은 돈을 만진다는 이유로 좋은 사람, 마땅히 따라야 하는 사람과는 무척 거리가 멀게 쳤어요. 그런데 그런 상인들이 하는 일로 나라를 부강하게 하다니!

무슨 주제든 반대하려고 달려온 한 노론 신하가 '농업 말고 다른 산업'이란 소리를 듣자마자 목소리를 높였어요.

"전하! 옛 성인이 늘 강조하시길 농업을 근본으로 삼아 다스려야 나라가 안정된다고 하였습니다. 그렇지 않으면, 백성들이 돈을 찾아 여기저기 옮겨 다니며 노력은 안 하고 횡재할 궁리만 할 것입니다."

"맞습니다. 정당하게 일을 해야지, 물건을 사고팔아 잘 먹고 잘살게 되는 것은 말이 안 됩니다."

그러자 초계문신 하나가 씩씩하게 나섰어요.

"우리가 쓰는 그릇은 질이 낮아 청에서는 노비들도 안 쓴다고 합니다. 기술이 떨어지니 백성들이 불편하게 살 수밖에 없습니다. 우리도 기술을 발전시키고, 그렇게 만든 물건을 사고팔아 모두가 잘살게 해야 합니다."

"사실 물건을 사고팔기가 잘 되지 않으니 불편하긴 합니다. 섬에서는 남아돌아 버리는 소금을 산속에서는 구경조차 못하니 말입니다."

젊은 신하들의 주장에 늙은 신하가 혀를 찼어요.

"요새 젊은 것들은 편한 것만 찾고 사치나 부릴 생각만 하니 말세야, 말세!"

"맞아. 군자란 자고로 돈을 돌 보듯 하고 늘 검소하고 소박하게 살아야 하거늘!"

"하지만……."

속 시원한 답이 나오지 않자 정조는 규장각 각신들을 한 번 노려보고 다음에 다시 회의하자며 자리를 떴어요.

각신들은 남아서 긴급회의를 했어요.

"우리는 체통에 매여 대놓고 말하기 힘듭니다. 이럴 때는 대놓고 떠드는 자가 필요하지요."

각신들은 다음 회의를 위해 이 주제를 도맡을 사람을 찾기로 했어요. 그중 한 명이 이마를 치며 말했어요.

"있습니다. 그것도 규장각에 있어요."

"우리 규장각에? 금시초문일세?"

"사실입니다. 매일 밤을 새 가며 연구에 연구를 거듭하는데, 돈을 벌 방법만 고민한다더군요."

"에이, 아무리 개혁을 이끄는 규장각이라지만, 우리도 엄연히 과거 시험을 보고 들어온 선비 아닌가? 이곳에 어찌 대놓고 돈, 돈 하는 자가 있단 말인가?"

"이름은 모르겠습니다. 그저 돈을 위해 밤을 새는 자가 있다는 말만 흘려들었을 뿐."

"김 교리, 자네가 사람은 잘 찾지. 그러니 다녀오게. 돈을 좋아한다니 우리가 시원하게 주장하기 힘든 그 일에 대해 아주 잘 알고 있을 것이야."

김 교리란 신하가 냉큼 나가 규장각 안팎을 돌아다녔어요. 규장각에 있는 일꾼들에게 매일 밤을 새는 자가 누구인지 물었지요. 대답하는 일꾼마다 모두 한곳을 가리켰어요. 그곳을 따라가 보니 낡아서 곧 찢어질 것 같은 관복을 입은 사람이 비슷한 옷을 입은 동료를 붙잡고 침을 튀기며 떠들고 있었어요.

"재물은 우물과 같습니다. 우물은 퍼낼수록 계속해서 생기지만 안 퍼내면 마르지요. 돈도 써야 또 생깁니다."

"또 나올 줄 알고 썼다가 안 나올까 봐……."

"나 혼자 쓰면 그렇지요. 하지만 돈은 돌고 도는 것! 내가 옷감 짜는 사람이고 어른이 농부라고 칩시다. 내가 쌀을 많이 사면 돈을 번 농부는 내 옷감을 많이 사겠지요. 그럼 서로 버는 겁니다."

동료는 듣고 고개만 갸웃거리는데 저 멀리서 몰래 듣던 김 교리가 혼잣말 했어요.

"그렇긴 하네."

그때 다시 침을 튀기며 말하는 자가 덧붙이는 소리가 들렸어요.

"이렇게 사고파는 것을 마을 모든 사람, 나라의 모든 사람과 하고, 결국 외국과도 사고팔면 돈은 계속 불어나고 먹고 입는 것도 풍부해지는 법입니다."

엿듣던 김 교리는 그제야 고개를 끄덕이다 다시 침 튀기는 자를 쳐다보았어요. 그런데 돈을 써야 한다고 저렇게 주장하는 것을 보면 돈을 좋아한다기보다 싫어하는 게 아닐까 싶었어요. 옷차림새만 봐도 돈을 좋아할 것 같지 않았어요. 돈을 좋아한다면 잘 벌 것이고, 그러면 부자일 텐데 말이지요. 이자는 낡을 대로 낡은 관복을 보물처럼 다루며 다소곳하게 앉아 있었거든요.

'이렇게 가난한 자가 돈을 좋아하는 그 인물일 리가 없어. 다시 돌아가 다른 단서는 없는지 물어보자.'

김 교리는 돌아와 그자를 봤다는 관리에게 물었어요.

"돈을 좋아한다는 그자에 대한 다른 정보는 없습니까?"

"다른 정보요? 있지요. 규장각에서 하루 종일 투덜거리는 자를 찾아 보시오."

애매한 정보지만 혹시 몰라 다시 사람을 찾으러 갔어요. 규장각 근처로 다가가는데 담장 너머 중얼거리는 소리가 들렸어요.

김 교리는 투덜거리는 소리를 듣다가 담을 돌아 그 소리의 주인을 찾았어요. 아까 봤던 낡은 관복의 사나이였어요.

'또 그자로군. 이자말고 다른 투덜거리는 자는 없나?'

아무리 둘러봐도 다들 입 다물고 자기 일만 하고 있었어요. 김 교리는 낡은 옷을 입은 자에게 다가갈까 망설이다 돌아섰어요. 하늘로 치솟은 짙은 눈썹, 위로 찢어진 눈, 날카로워 보이는 입, 이런 얼굴은 함부로 다가가기 힘들거든요. 그때 정보를 준 관리가 덧붙인 말이 떠올랐어요.

"청에 미친 자가 매일 투덜거리니까 더 밥맛이야."

중국 역사에서는 한족이 내내 중국 땅을 차지했어요. 그러다 북쪽 만주족이 내려와 그 땅을 차지하고 '청'이라는 이름을 걸었지요. 한족만이 문화민족이고 나머지는 전부 오랑캐라고 생각하는 조선 선비들은 청나라라면 뭐든지 무시했어요. 그렇게 큰 나라인데도 말이지요.

그런데 정조 시대에 들어 청나라에 다녀온 사신들의 영향으로, 발달된 청나라 문명에 대한 호기심의 바람이 불고 있었어요. 청이라면 오랑캐니까 쳐다볼 필요도 없다는 기존 선비들과 달리, 발달된 문명을 받아들이고 배워서 조선도 발전시키자고 주장하는 이들이 생겨났지요. 바로 실학의 흐름 중 하나인 '중상학파'예요.

돈을 좋아하는 그자는 그보다 더해서 청에 미쳤다고 했어요. 갈수록 이 사람이 궁금해진 김 교리는 낡은 옷을 입은 사람에게 다가가 찔러 봤어요.

"청나라가 그렇게 좋아요? 오랑캐들에게 뭐 배울 게 있다고?"

낡은 옷 입은 자가 그 소리를 듣고 발끈했어요.

"오랑캐가 아니라 동물이라도 배울 게 있으면 배워야지요. 청에 가 보십시오. 시골구석 자그마한 시장에만 가도 한양 큰 시장의 물건보다 뛰어납니다."

"설마 시골구석이 한양보다 더 잘살 리가요."

"그뿐이겠습니까? 마차, 배, 집은 물론이고 여기저기 굴러다니는 똥도 요리조리 궁리해서 잘 쓰는 곳입니다. 모든 것을 효율적으로 사용하니 백성들이 편리하게 잘살 수밖에요."

청을 보고 배워야 한다는 주장을 밤새도록 할 것 같았어요. 김 교리는 이자가 맞는 것 같다는 생각이 들었어요.

'돈을 좋아하는 자가 맞는 것 같아. 하지만 너무 과격한걸?'

김 교리는 다음 날을 기다렸어요. 관리들이 그에게 물었지요.

"그 돈 좋아하는 자를 찾았나? 찾았으면 빨리 데려오게."

"맞아. 빨리 찾지 못하면 우리가 대책을 세워야 하지 않은가. 사실 군자로 자부하는 우리가 낯부끄럽게 돈을 많이 벌자고 어찌 주장할 수 있겠나."

김 교리는 관리들의 말을 듣고 다시 흔들렸어요. 괜히 얼렁뚱땅 넘어가려고 말을 흐렸지요.

"사실 찾은 것 같은데 확신이 서지 않아서."

"찾은 것 같아? 어떤데?"

"규장각에서 자주 밤을 새고, 종일 투덜거리고, 청에 미치긴 했어요. 그런데 돈을 좋아하는 사람치고 너무 가난해 보였어요. 워낙 투덜거리긴 해도 잘못된 걸 고치자는 것 같았고, 청에 미쳤지만 그 나라에서 살고 싶은 게 아니라 조선을 위해 그들의 장점을 배우자는 쪽이었어요."

관리들이 눈을 똥그랗게 뜨고 말했어요.

"관건은 돈을 좋아하는가야. 그 돈을 어떻게 벌지, 어떻게 나라를 부강하게 할지 충분히 생각하는 사람인가이지."

"그런 거 같은데 그 주장이 너무 과격해서 말 안 들으면 때릴 것 같아요. 그리고……."

갑자기 한 신하가 소리쳤어요.

"그 사람 맞아요. 설득하기 좋아하는 사람. 그리고 전하께서 그자에게 '견줄 사람이 없는 자'라는 뜻으로 '무쌍사'라는 별칭을 붙인 적이 있습니다. 그자가 글을 올린다면 과격해도 들을 만한 내용이 있을 것입니다."

 논의 끝에 김교리는 '무쌍사'라는 별명을 확인하기로 했어요. 규장각에서 일하는 관리를 찾아가, 며칠 째 봐 온 그 사람을 가리키며 별명이 무쌍사인지 물었어요. 그 관리는 고개를 끄덕였지요.

 "찾았다!"

 찾은 사람은 바로 청나라를 여러 번 다녀왔으며, 임금이 요청한 법전이나 무예지 등을 편찬하고, 규장각에 있는 수많은 책들을 하나씩 검토한 검서관 박제가였어요. 상업으로 어떻게 조선을 일으킬지 논하는 회의에 앞장서라는 말에, 그는 바로 종이를 폈어요.

　박제가는 누구보다 강력히 상업과 무역의 중요성을 주장할 자신이 있었어요. 청나라에서 보고 들은 것과, 먼저 그곳에 다녀온 사람들의 책을 보며 나라와 백성이 잘사는 길을 고민해 왔거든요. 그는 나라를 부강하게 할 방법을 정리해 임금에게 바치기로 했어요.

　글을 다 쓴 뒤 먼저 가장 친한 친구들인 규장각의 검서관 3인에게 보여 주었어요. 친구들은 글이 너무 과격하다며 말렸어요. 하지만 박제가는 흔들림 없이 말했어요.

　"어차피 내가 살살 말해도 청이라면 오랑캐라고 귀를 막고 듣지도 않을 사람들이야. 이 정도 강하게 말해야 겨우 한쪽 귀를 열어 줄 거라고."

　며칠 후 격렬한 회의가 벌어졌어요. 박제가는 평소에 생각한 것들을 충분히 펼쳐 보여 주었지요. 회의 분위기가 조금 바뀌었어요. 이제 박제가가 주장한 것처럼 '상공업만이 살 길'은 아니어도 '상업도 나라의 중요한 산업'이라는 의견이 나왔지요. 정조는 때가 되었다고 생각하고 자신의 오른팔 채제공 대감에게 눈짓을 했어요. 채제공이 신호를 받고 앞으로 나섰어요.

"전하! 전쟁이 끝난 후 시간이 흘러 인구가 늘어날 대로 늘었습니다. 게다가 농사 기술이 발달해 일손이 덜 필요해지며 일거리가 없는 사람이 많아졌습니다. 장사로 먹고사는 것은 좋은 방법이 아니라는 생각은 시대에 뒤떨어진 것입니다."

많은 신하들이 고개를 끄덕였어요. 채제공이 이어서 말했어요.

"나라에서 정한 사람만 장사를 할 수 있게 하는 법을 없애고, 누구나 장사를 해서 먹고살 수 있는 법안을 발표하기를 건의드리는 바입니다!"

이제 인구는 늘고 먹고사는 방법이 다양해졌어요. 농사만 짓고 살라고 할 수 없는 세상이 된 것이지요. 그동안 정조는 허가를 받지 않아도 장사할 수 있게 해 달라는 소원을 여러 번 들어왔어요. 이제는 채제공을 앞세워 그 바람을 들어주기로 했지요.

"올해가 신해 년이므로, 누구나 장사를 해도 된다는 법안을 '신해통공'이라 하여 발표하도록 하라!"

규장각 Stagram

992 게시물 26,795 팔로워 18,973 팔로잉

규 장 각

#청나라 #박제가 #무역

궁금해요 상업

정조 시대 청나라 상황은 어땠나요?

1700년대 중후반 청나라는 엄청나게 넓은 영토를 아우르며 최고 전성기를 누렸어요. 명나라 말기부터 하나둘 오가던 서양 선교사들이 청나라가 들어선 뒤 더욱 많이 들어왔고, 서양 근대 과학도 함께 전해지며 많은 변화가 생겼어요. 청나라는 당시 세계적으로도 부유한 나라였고, 이것이 밑받침되어 정치, 경제, 문화 등이 매우 발달하였지요.

조선 시대에 상업이 발달하지 못한 이유가 무엇인가요?

원래 옛날 사람들의 산업은 농업이 전부였어요. 교통과 통신이 발달하지 못했으니 물건을 옮겨 사고파는 일이 힘들었고, 먹고살 길은 농사밖에 없었지요. 그래서 자기가 생산한 농작물을 먹고, 직접 만든 물건들을 썼어요. 나라에서도 농사를 권했어요. 백성들이 장사를 하면 자꾸 옮겨 다닐 수 있어서 세금을 걷고 군사를 동원하는 나라 입장에서는 바람직하지 않았겠지요. 나라의 근본 원리인 유교에서도 '농민이 천하의 근본'이라고 외쳤으니 농업만이 마땅히 일으켜야 할 산업이었고요.

상공업을 중시한 실학자들의 주장이 어떤 변화를 불러 왔나요?

그들은 상공업을 발달시켜 돈이 돌게 하고, 나라와 백성이 부유해지게 하자고 했어요. 그리고 사농공상으로 계급을 나누는 것에서 벗어나 직업의 평등에 대해 고민하게 했어요. 장사뿐 아니라 백성들의 생활이 편리해지도록 불편한 도구들을 고치고 발전시켜야 한다고도 주장했지요. 이런 생각 덕분에 일상 도구뿐 아니라 천문 관측기구 등 과학 기구에 대한 관심이 높아졌어요. 문제는 나라의 주도권을 쥔 사대부들이 이런 주장을 제대로 받아들이지 않아서 실학자들만의 주장으로 묻히고 말았어요. 대신 100년쯤 지나, 외국과 통상하고 근대 문물을 받아들이자고 주장하는 개화사상에 큰 영향을 주었지요.

박제가가 주장한 것들은 무엇인가요?

청나라에 네 번이나 다녀온 그는 조선이 배우고 고쳐야 할 점을 글로 썼는데 바로 《북학의》예요. 이 책에는 조선이 배울 점으로 잘못된 제도를 고치고 각종 기구를 개선할 방법이 담겨 있지요. 그는 나라와 백성이 더 잘살 수 있는 가장 중요한 열쇠를 상업과 무역에 두었어요. 특히 외국과 무역하여 나라를 일으키자는 주장은 실학자들 가운데서도 박제가의 목소리가 가장 컸어요.

6. 능력 있는 서얼에게 기회를

◆ ◆ ◆

　회의를 마친 박제가가 흡족한 얼굴로 규장각에 돌아왔어요. 검서청으로 바로 가서 다른 검서관 친구들을 만났지요. 검서관은 규장각의 책들을 정리하고, 책의 잘못된 부분을 찾아 고치고, 새로운 책들을 펴내는 일을 하는 관리예요. 박제가, 이덕무, 유득공, 서이수, 이 네 사람이 처음으로 검서관으로 일했어요. 이 중 박제가, 이덕무, 유득공은 검서관이 되기 전부터 매일 붙어 살다시피 한 사이였어요.

　박제가가 싱글벙글 다가오는데 이덕무가 콧방귀를 뀌며 몸을 돌렸어요.

　"흥!"

　"아니 형님, 저에게 왜 이러십니까?"

　옆에서 보던 유득공이 웃으며 알려 주었어요.

　"자네가 맛난 엿을 한 꿰미 얻었는데 형님을 하나도 안 드렸다면서?"

　단 음식이면 정신을 못 차리는 이덕무는 엿을 얻고도 나누어주지 않은 박제가에게 삐져 있었던 거예요. 그때 검서청을 찾아온 한 관리가 이 모습을 봤어요.

　"쯧쯧쯧, 몇 살인데 엿을 찾아?"

　이덕무가 이 사람을 보고 급히 일어나 물었어요.

　"조카님이 검서청에 무슨 일로 오셨습니까?"

　"요즘 내가 규장각에서 심부름한다는 소식을 못 들었느냐?"

　조카라고 불린 사람은 거드름을 피웠어요. 차림새를 보니 아주 낮은 관리인데다가 나이도 더 어려 보였어요. 그런데도 이덕무는 그 사람에게 깍듯하게 대했어요. 박제가가 그 모습을 보고 눈을 부라리며 말했어요.

"이 참봉이 또 왜 왔나?"

종9품밖에 안 되는 가장 낮은 벼슬인 참봉이 이덕무 앞에서 늘 어른인 체 하는 게 못 마땅했어요. 이덕무의 먼 친척 조카인데, 본인이 적자 출신이라며 서자 출신인 이덕무를 깔보았기 때문이에요.

"나 때는 말이지, 어디 서자가 적자와 한 상에서 밥을 먹어."

"나 때는 말이지, 어디 서자가 과거 시험을 봐."

"나 때는……."

첩의 자식인 서얼은 삼촌이나 할아버지뻘이 되어도 적자인 어린아이에게 눌릴 수밖에 없었어요. 그럴 수밖에 없는 것이 조선 신분 제도의 현실이었어요. 조선 법전에는 '첩의 자식은 과거 시험을 볼 수 없다'고 규정되어 있었어요. 그러니까 서얼은 과거 시험을 볼 수도 없고, 당연히 문관 관리도 될 수 없었어요.

시간이 흐르면서 서얼도 기술직 같은 낮은 직급의 관리는 될 수 있었어요. 서얼들은 단체로 모여 차별을 없애 달라고 항의했지요. 결국 정조가 임금이 된 뒤 이 요구를 받아 주었어요. 서얼들도 과거 시험을 봐서 얼마든지 관직에 오를 수 있도록 하는 법을 발표했지요. 그럼에도 생활 속에서는 그 차별이 아직 뚜렷하게 남아 있었어요.

규장각의 검서관이 바로 이런 경우였어요. 책을 검사해 고치거나 새 책을 펴내는 일을 전문적으로 하는 검서관은 일반 문관이 아니라 특별직이라고 할 수 있어요. 과거 시험에서 좋은 성적을 거두었지만 정식으로 문관 관원으로 채용되지 못한 서자들 4명을 정조는 특별히 검서관으로 일하게 하였어요.

뼛속까지 적자 최고주의인 이 참봉은 이 점이 못마땅했어요. 박제가는 이 참봉의 태도가 불편하기 짝이 없어 두고 볼 수 없었어요.

"'나 때는'만 되풀이하는 앵무새님, 내 말 들어 보시오. 청나라에서는 적어도 관직에는 서자 차별이 없습니다."

"청나라요?"

"청나라는 서자라도 능력만 있으면 재상 자리에 오를 수 있지요. 또 적자라도 나이 많은 서자에게 예의를 갖춥니다. 그러니 청나라가 발전한 것입니다."

"아, 됐소! 청나라는, 청나라는 하며 청나라 병에 걸린 사람이 있다더니 여기 있었구먼."

"그럼 이 참봉은 '나 때는 병' 아니겠소? 나는 좋은 점을 보고 배우자는 것이지만 이 참봉은 나쁜 옛 관습만 지키자는 쪽입니다."

둘이 한참 실랑이하는데 이덕무는 옆에서 조용히 책만 읽고 있었어요. 갑자기 한 심부름꾼이 달려왔어요.

"전하께서 책을 찾습니다. 빨리 가 보세요."

네 명의 검서관과 이 참봉이 얼른 뛰어나갔어요. 서고에서 기다리고 있던 정조가 그들에게 명령을 내렸어요.

"지난번 청나라에서 사온 책 5,000여 권을 다 정리했겠지? 청나라 서쪽 땅에 대해 궁금한 게 생겼으니, 그 내용이 실린 책이 있으면 찾아오도록 하라."

이 참봉이 공을 세우려고 벌떡 일어나 달려갔어요. 규장각에 와서 한 심부름이 바로 책들을 정리하는 것이었거든요. 출세할 방법이 없나 늘 기웃거렸는데 마침 잘되었다 싶었어요. 달려가 열심히 찾았는데 제목만 보이지 내용은 알 수 없었어요. 책을 찾아 헤매는데 이덕무가 와서 몇 권 뒤적이더니 들고 나갔어요.

이덕무는 책 수천 권을 읽겠다고 포부를 밝힌 적이 있었어요. 그 많은 책을 거의 다 읽어서 눈이 나빠질 정도였어요. 그것도 한 번이 아니라 여러 번 읽어 내용을 잘 알고 있었지요.

정조가 다시 한 번 명령을 내렸어요.

"무기와 무술에 관한 책을 찾아 오라."

이덕무와 이 참봉이 동시에 책장을 뒤졌어요. 이 참봉이 한발 빨리 가져왔지요. 정조는 대충 보고 한쪽으로 내던졌어요. 찾던 책이 아니었거든요. 잠시 후 이덕무가 책을 가져왔어요. 정조는 그 책을 한참 들여다보더니 이덕무에게 돌려주며 말했어요.

"이번에 병사들이 무예를 키울 수 있도록 무술에 관한 책을 낼 작정이다. 그림으로 하나씩 쉽게 설명하여 누구나 책만 보고도 무술을 갈고닦을 수 있어야 한다."

공을 세우지 못하고 이덕무의 활약만 지켜보던 이 참봉이 발끈해서 나섰어요.

"전하, 외람되오나 책을 맞게 찾아온 것인지 확인하시기 바랍니다. 저자는 책을 좋아하지 않은데 이렇게 제대로 찾아올 리가 없습니다. 책을 팔아 밥을 사 먹은 사실도 있습니다."

정조를 따라 온 관리들이 이 소리를 듣고 눈이 등잔만 해졌어요.

"아니, 선비가 책을 팔아먹다니 공자, 맹자께서 무덤에서 뛰쳐나오실 일이야."

"책은 선비들의 목숨이거늘 팔아서 먹을 것을 사다니요. 그게 말이나 됩니까?"

"배부른 것만 찾고 정신의 양식을 쌓는 일을 무시하다니! 저런 자가 관리 자격이 있나."

정조도 놀라 이덕무에게 물었어요.

"진짜 책을 팔아 밥을 사 먹었느냐?"

이덕무가 고개를 끄덕였어요.

"예, 그러하옵니다."

곁에서 유득공이 말했어요.

"전하, 저는 책을 팔아 술을 사 먹었습니다."

박제가도 말했어요.

"전하, 저는 책을 팔아 옷을 샀습니다."

곁에서 듣던 흰 수염의 관리가 소리쳤어요.

"자고로 선비는 체면이 목숨보다 소중하거늘. 얼어 죽는 한이 있어도 불을 쬐지 않고 기개를 지켜야 하는 것이 우리야. 어디 책을 팔아서 밥을 먹고 옷을 사!"

"서자는 안 된다니까요. 나 때는 그래서 서자는 잡스러운 일이나 시켰지 문관을 시켜 주진 않았잖습니까."

이 참봉이 입꼬리를 늘이며 덧붙였어요. 이덕무는 얼굴빛 하나 변하지 않고 정조에게 말했어요.

"전하, 저희도 선비입니다. 허나 죽을지언정 체면을 차리고, 규칙을 지켜야 한다는 것에는 동의하지 않습니다. 돈이 없어 굶어 죽게 생겼는데 책이 무슨 소용입니까. 살아야 책을 읽고, 목숨이 있어야 규칙도 지킬 수 있습니다."

"맞습니다. 저희는 젊었을 때부터 매일 모여 공부하고 토론했습니다. 그 결과 실제로 누릴 수도 없고, 사는 데 도움도 안 되는 체면이나 이치보다는 편안하고 행복하게 사는 것이 더 중요하다는 데 의견을 모았습니다."

"그렇습니다. 백성들이 배가 부르고 생활이 편리해야 나라가 안정되고 강해집니다. 백성이 없는데 양반이 어떻게 있을 수 있고, 나라가 어떻게 있을 수 있습니까?"

이덕무를 따라 나머지 검서관들도 한마디씩 했어요. 정조는 그 말을 듣고 고개를 끄덕였어요.

"맞다. 굶어 죽는데 책이 무슨 소용이냐. 검서관들의 월봉이 너무 적었구나. 검서관들에게 식량을 상으로 내리도록 하라."

정조의 명령에 이 참봉의 얼굴이 핼쑥해졌어요. 잠시 뒤 정조가 다시 말을 이었어요.

"실제로 소용이 있어야 나라가 강해지고 백성도 편해지는 법이다. 그 정신을 살려 누구나 무예를 닦고, 실제로 우리 병사들의 무술 실력을 키울 책을 이덕무, 자네가 무예의 대가인 백동수와 함께 펴내도록 하라."

정조가 새 임무를 맡긴다는 것은 식량을 상으로 주는 것보다 더 큰 격려였어요.

이 참봉은 끈질긴 자였어요. 어릴 때부터 이덕무가 서자라며 무시하고 구박해 왔는데 임금의 사랑과 칭찬을 받으며 중요한 임무를 받으니 참을 수 없었지요. 마지막으로 일격을 가한답시고 벌떡 일어나 외쳤어요.

"전하, 이덕무는 바보입니다. 별명이 바보라는 것을 모르는 사람이 없습니다. 바보가 그렇게 중요한 책을 어떻게 펴낼 수 있습니까?"

이 말에 정조가 빙그레 웃으며 답했어요.

"그래, 알아. 이덕무는 바보야. 책만 보는 바보."

이덕무는 책을 많이 봐서 지식이 엄청난 사람이었어요. 남들이 칭찬하면 늘 겸손하게 자신은 '책만 보는 바보'라는 뜻의 '간서치'라고 하였지요. 이 별명이 퍼져 정조도 알고 있었어요. 이렇게 정조 앞에서 큰 실수를 한 이 참봉은 미움을 받아 며칠 뒤 쫓겨났어요.

한편 이덕무는 백동수, 박제가와 함께 무예를 갈고 닦는 데 실제로 도움이 될 책 《무예도보통지》를 만들었어요. 그 책과 함께 임금에게 이런 글을 올렸지요.

> 관리들은 실용적인 정치를 하고, 백성들은 실용적인 직업을 지키고, 학자들은 실용적인 책을 만들고, 군사는 실용적인 기예를 익히고, 상인은 실용적인 상품을 유통시키고, 장인은 실용적인 물건을 만든다면 나라가 약해질 걱정도 없고, 백성이 불안해질 걱정도 없을 것입니다.

이뿐인가요? 《대전통편》을 펴낼 때, 책을 만드는 일 전체를 감독하는 중요한 임무도 맡았어요. 《대전통편》은 조선 후기의 기본 법전이라고 할 수 있어요. 원래부터 있던 조선의 기본 법전 《경국대전》은 만든 지 오래되어 시대에 맞지 않는 부분이 많았어요. 그래서 새롭게 고친 법전 혹은 없던 법을 덧붙인 법전들이 나왔지요. 그러다 보니 사건이 벌어지면 여러 법전을 참조해야 하거나, 심지어 같은 일에 두 법이 충돌하는 골치 아픈 일이 생겼어요.

 정조는 모든 법전을 통합하는 법전을 새로 만들도록 하였어요. 300여 년 만의 통일 법전 《대전통편》을 만드는 일은 규장각뿐 아니라 나라 전체의 큰일이었어요. 여기에 큰 공헌을 한 이들이 규장각의 검서관, 그중에서도 박제가, 이덕무 등이에요. 이들이 실력을 발휘하자, 서얼들을 관직에 오를 수 있도록 허용해 준 정조의 정책이 옳았다는 것이 증명되었어요. 서얼들의 관직 허용은 다른 사람들의 희망까지 꿈틀대게 했지요.

"임금은 백성들의 바람을 최대한 들어주셔."

"억울한 일이 있으면 직접 고하면 되겠네."

"임금을 그렇게 쉽게 볼 수 있어? 어디서?"

"임금이 궁궐 밖으로 행차를 할 때지."

화성으로 행차하는 모습을 담은 〈화성원행반차도〉 일부분

규 장 각

#서얼허통 #이덕무 #무예도보통지

993
게시물

26,797
팔로워

18,974
팔로잉

 서얼은 무엇인가요?

 조선이 숭상하는 유교에서는 자식을 많이 낳는 것이 효도의 길이라고 했어요. 그래서 양반들은 정식 부인 말고도 첩을 두어 자식을 낳았지요. 양인인 첩이 낳은 자식은 서자, 노비 첩이 낳은 자식은 얼자라고 불렀어요. 이 서자와 얼자를 합쳐 부르는 말이 바로 서얼이에요. 서얼들은 집 안에서나 집 밖에서나 늘 차별을 받았어요. 홍길동이 아버지를 '나리'라고 부를 수밖에 없어서 억울해 했듯이요.

서얼들은 왜 차별을 받았나요?

유교 사상에서는 저마다 위치를 충실하게 지켜야 사회 질서를 유지할 수 있다고 했어요. 신하가 임금에 거역하거나 천민이 양인을 때리거나 자식이 부모를 무시하거나 하는 것들을 가장 흉악한 일로 여겼지요. 서얼과 정식 부인이 낳은 적자 사이에도 구분이 있어서 그 신분 질서를 충실히 지키는 것이 도리였어요. 그런데 숨은 다른 이유를 잘 찾아보면, 적자인 양반들이 관직을 할 수 있고 사회에서 대접을 받을 수 있는 권리를 서자들에게 뺏기지 않기 위해서였어요.

서얼허통은 조선 사회에 어떤 영향을 주었나요?

《경국대전》에는 서얼들이 문과 과거 시험을 볼 수 없다고 못박아 두었어요. 그런데 조선 후기에 들어 신분 질서가 흔들리자 서얼들도 신분을 보장해 달라고 상소문을 내면서 서서히 관직의 문이 열리기 시작했지요. 정조는 능력이 뛰어난 서얼들이 많은데 이들을 쓰지 않는 것은 낭비라고 생각했어요. 그래서 서얼들도 관직에 오를 수 있게 하였어요.

서얼 출신 이덕무, 백동수, 박제가가 펴낸 《무예도보통지》는 어떤 책인가요?

정조를 가장 가까이서 지키는 친위 부대인 장용영의 군사 훈련 지침서로 만들어졌어요. 칼, 창 같은 무기로 하는 무술과 맨몸으로 하는 무술 등 24가지 무예를 4권에 실었지요. 각 기술을 그림으로 하나씩 그려 누구나 보고 쉽게 무술을 갈고닦을 수 있게 하였어요. 혼자서도 책만 보고 무술을 배울 수 있게 한다는 점에서, 말로만 하는 것이 아닌 실제로 배우고 쓸 수 있는 무술을 가능하게 한 실용적인 책이라고 할 수 있지요.

7.
역사적 순간을 샅샅이 기록한 의궤

◆ ◆ ◆

정조가 아버지 사도 세자의 묘에 참배를 간다는 알림 글이 붙었어요. 임금이 궁궐 밖에 한번 나가는 것은 아주 큰일이었어요. 혼자 말이나 마차를 타고 내달리면 되는 문제가 아니었지요. 관리와 궁궐 나인들, 내관들, 호위 병사 등 수천 명이 함께 움직여야 하기 때문이에요.

수천 명의 긴 행차가 너무 요란한 것 아니냐 할 수도 있겠지만 사실 의도한 일이었어요. 임금이 이 많은 사람들을 데리고 움직일 만큼 나라가 안정되었다는 것, 병사들이 이만큼 강하다는 것을 백성들에게 알리려는 뜻이지요.

그런데 이보다 더 중요한 일이 있었어요. 정조는 이번 행차에서 백성들의 마음을 알아보고자 했어요. 무엇보다 억울한 일로 고통을 겪는 백성들의 문제를 해결해 주고 싶었지요.

　정조는 이 문제를 '격쟁'을 통해서 해결할 기회를 주었어요. 격쟁이란 임금이 지나가는 길에 서 있다가 꽹과리 같은 것을 쳐서 주의를 끈 뒤, 임금에게 직접 고발하고 억울한 일을 호소하는 것이에요. 억울한 일 때문에 생병이 날 지경이었던 사람들은 임금의 행차 소식을 듣고 모여들었어요.

화성능행도 중 일곱째 날 모습인 〈시흥환어행렬도〉 일부분

⊙ **관광의 유래**: 볼 관(觀) 빛 광(光)을 씀. '임금은 빛'이므로 '관광=임금의 얼굴을 보는 일'. 오늘날에는 경치를 보러 다니는 뜻으로 바뀜.

⊙ **격쟁**: 임금 행차 때 꽹과리를 쳐서 억울함을 호소하는 일.

그런데 그 틈에서, 행렬 전체를 오가며 뭔가를 몰래 적는 사람이 있었어요. 행차뿐 아니라 몰려든 사람들도 살펴보았지요. 격쟁이 일어나면 열심히 듣고 그 사람을 뚫어지게 쳐다보았고요. 마치 하나하나 머리에 새겨둘 기세였어요. 그러고는 혼자 중얼거렸지요.

'옷에 때가 너무 탔군. 짚신은 다 헤지고……'

손가락을 허공에 대고 까딱까딱 하는 모습이 꼭 그림을 그리는 것 같았어요. 격쟁하는 이의 옷차림새뿐 아니라 얼굴 표정, 손동작까지도 꼼꼼히 살폈고요. 그러고는 주변 사람들의 표정과 반응도 보았어요. 사사삭, 눈 깜짝할 새에 반대 방향으로 가 다른 각도에서도 보았어요. 뭔가를 꺼내 적더니 그것을 황급히 품에 넣고는 주변을 또 둘러보았지요.

그때, 누군가 갑자기 사람들 사이를 뚫고나와 행렬을 막았어요! 옆에 서 있던 백성들도 놀라 외쳤지요.

"무슨 일이야? 왜 행렬을 막아?"

"격쟁하는 거 아니야? 왜 꽹과리를 안 치고 드러눕는 거지?"

드러누운 사람은 괜히 누운 게 아니었어요. 진짜 지쳐서 쓰러진 것이었어요. 그 모습을 멀리서 보던 정조가 근위 병사에게 명을 내렸어요. 병사가 그 사람을 임금 앞까지 끌고 왔어요. 한참 뒤 쓰러진 사람이 겨우 일어나 무릎을 꿇었어요.

"전하! 저는 전라도 흑산도에서 올라온 김이수입니다."

정조는 김이수라는 사람을 보고 친근하게 말을 건넸어요.

"흑산도 주민이로군. 이 먼 곳까지 웬일인가?"

"흑산도 사람들에게 너무 억울한 일이 있어 전하께 호소하러 올라왔습니다."

그 말을 들은 주변 신하들은 백성 하나하나 어떻게 다 살피느냐고 했어요. 그러나 정조는 변두리 지방에 사는 사람부터 땅끝 섬마을에 사는 사람들까지, 모두 자신의 백성이라 보살펴야 한다고 늘 주장했어요. 당연히 전라도 끝 외딴 섬에서 온 백성의 호소에도 귀를 기울일 수밖에 없었겠지요. 김이수가 말한 흑산도 주민의 억울함은 이거였어요.

"남아 있는 닥나무가 더 이상 없는데 조정에서는 계속 바치라 하니 흑산도 주민들은 죽을 지경입니다. 농사도 짓지 못하고 닥나무를 찾아다니니, 아이들은 며칠씩 굶고 어른들은 다쳐 더 이상 일어나지도 못합니다. 제발 저희 주민들의 사정을 살펴 주십시오."

김이수는 그 험난하다는 서해안 목포 앞바다를 자그마한 배 하나에 의지해 육지로 온 뒤, 거의 천리 길을 걸어 화성에서 한양 가는 길목에 도착했어요. 그것도 한겨울에요. 얼마나 절박했으면 그랬겠어요?

이야기를 다 들은 정조는 심각한 표정으로 대답했어요.

"관리는 더 자세히 듣고 보고서로 정리하도록. 궁궐에 돌아가면 사실을 확인해 해결하도록 하겠다. 그대는 푹 쉬었다가 고향으로 돌아가도록 하라."

나중에 정조는 궁궐에 돌아가자마자 이 문제를 조사하게 하였고, 결국 닥나무 원료를 바치는 것이 흑산도 주민들을 얼마나 고통스럽게 하는지 알게 되었어요. 곧바로 닥나무 원료를 바치는 세금을 없애도록 하였어요. 김이수의 노력은 전 흑산도 주민의 고통을 해결해 줄 수 있게 되지요.

그럼 다시 행렬이 있던 현장으로 돌아가 보기로 해요. 사람들 틈에서 뭔가를 끄적거리던 그 수상한 사람은 계속해서 여기저기를 돌아다녔어요. 그

사람의 손에는 점점 종이가 쌓여 갔지요. 이 사람은 바로 나라에 필요한 그림을 그리는 부서인 도화서 화원이자 규장각 소속 화원인 김홍도였어요! 김홍도는 조선 최고 화가로, 오죽 하면 양반들 사이에서 제일 잘 통하는 뇌물이 그의 그림일 정도였지요. 그는 능행의 모든 장면을 그림으로 남기는 의궤를 만들려고, 하나씩 관찰하고 기록하는 중이었어요. 물론 중간에 다른 화원들과 계속 그림도 그려 가면서요.

평소에도 정조는 백성들의 생활을 자세히 알고 싶어 했어요. 그들의 사는 모습을 그려 오라는 주문을 자주 하였지요. 이 일에는 김홍도를 대신할 사람이 없었어요. 김홍도는 능행 내내 그린 그림을 차곡차곡 모아 손에 들고 궁궐로 들어갔어요. 규장각 안에서는 다른 화원들이 모여 떠드는 소리가 들렸어요.

"어서 계속 연습해! 내일모레 차비대령화원 시험인 거 몰라?"

"의궤 그리느라 바쁜데 시험 준비까지 어떻게 해요?"

"김홍도 나리는 좋겠네. 시험도 면제 받고 자동으로 차비대령화원 자격을 툭 하면 받으니."

차비대령화원은 규장각에서 일하는 10명의 화원이에요. 이들은 임금 직속 화원으로, 규장각에서 출판하는 여러 책들의 그림 작업을 했지요. 정기적으로 시험을 치러 도화서의 화원들 중 뛰어난 사람만이 차비대령화원으로 뽑혔어요. 실력이 훨씬 뛰어난 김홍도는 정조의 배려로 시험을 치르지 않아도 되었으니 화원들이 시기할 만도 했지요.

김홍도가 그림이 그려진 종이들을 들고 다가오자 떠들던 화원들이 입을 다물었어요. 김홍도가 그들 앞에 종이를 펼쳐 보였지요.

"어떤가. 이번 의궤로 묶을 그림들을 미리 그려 본 것일세. 의궤의 다른 부분을 자네들도 그린 걸로 아네. 한번 보여 주게나."

김홍도가 펼친 그림을 보고 화원들은 입을 다물지 못했어요. 자신들의 그림은 슬그머니 숨겼지요. 김홍도의 그림에는 병사들의 웅장한 호위, 궁녀들의 멋들어진 움직임, 백성들의 행복한 웃음이 생생하게 담겨 있었어요. 행차를 하는 이유도 잘 담겨 있고, 백성들이 어떤 생각을 하는지도 알 수 있었지요. 천 명이 넘어 보이는 사람들 하나하나가 자신만의 움직임을 보였고 어떤 일을 하는지, 어떤 생각을 하는지도 눈앞에 실제로 펼쳐 보이는 것 같았어요. 김홍도가 그림을 걷고 다시 나섰어요.

"전하께서 기다리시니 가지고 가 봐야겠네. 행차 모습이 전체적으로 어땠는지 무척 궁금해 하실 테니."

김홍도는 규장각이 세워지자마자 그 전체 모습을 그림으로 남겼을 뿐 아니라 정조 시대 여러 생활 모습이 담긴 풍속화를 그렸어요. 그리고 이번 정조의 능행을 맞아 임금과 그 뒤를 따르는 신하와 병사들, 백성들의 모습을 실감나게 의궤에 담았지요. 이 기록은 정조뿐 아니라 그 백성들과 후손들이 뿌리를 제대로 이해하는 데 큰 역할을 했어요.

규장각 Stagram

994 게시물   26,800 팔로워   18,975 팔로잉

규 장 각

#화성행차 #김홍도 #풍속화

궁금해요 의궤

김홍도가 화가로서 가장 뛰어난 점은 무엇인가요?

김홍도는 사람들의 생활을 그린 조선 최고의 풍속 화가로 알려져 있습니다. 하지만 풍속화 이전에 성스러움이 돋보이는 불화나 털 하나하나가 살아 있는 것처럼 보이는 동물화, 산과 들을 그린 산수화 등 모든 분야에 실력이 뛰어난 화가였어요. 그럼에도 풍속 화가로 자주 이야기되는 이유는 그 누구도 뛰어넘을 수 없는 면이 있기 때문이지요. 〈서당〉, 〈행상〉, 〈씨름〉 같은 그의 풍속화에는 배경 없이 사람들의 얼굴과 행동에만 집중되어 있는데 표정이 살아 있고, 손동작이나 차림새 등으로 그림 속 상황을 생생히 느낄 수 있습니다. 정조가 김홍도에게 맡긴 의궤의 그림도 그 속으로 들어가 실제 행차 장면을 보는 듯하지요.

정조가 당시 사회를 그림으로 남기도록 한 이유는 무엇인가요?

앞서 세종 대왕은 집현전에 명령해 백성들이 사는 모습을 그림으로 남기도록 하였어요. 백성들의 삶을 구체적으로 볼 수 있고 다음 세대에도 알리기 위해서였지요. 백성들을 잘살게 하는 것이 임금의 가장 큰 임무라고 여긴 정조도 사람들이 살아가는 모습을 늘 제대로 보고자 했어요. 자급자족 도시 화성을 건설하고, 누구나 장사를 하게 허용해 주었으며, 서얼들도 관리가 되게 하고, 나중에 공노비들도 해방시킬 발판을 마련하는 등 세상을 바꾼 정조의 정치는 바로 실생활을 잘 관찰하고 익힌 데서 비롯된 것이지요.

의궤란 무엇인가요?

의궤란 의례(큰 행사)의 '의'와 규범(모범, 예)의 '궤'를 합친 말이에요. 조선 시대에 임금의 생일이나 왕자의 탄생 혹은 성을 세우는 것 같은 국가적으로 큰 행사를 치를 때 자세한 사항을 기록해서 나중에 비슷한 행사에 참고하도록 한 기록물이지요.

의궤에는 어떤 내용이 담겼나요?

의궤에는 행사 장면뿐 아니라 임금의 명령이 적혀 있거나, 관청이나 관리가 업무상 주고받은 여러 가지 문서도 실렸어요. 행사나 공사에 동원된 사람들의 명단, 사용된 물품의 수량과 비용, 행사 후 남은 물건을 얼마나 되돌려 주었나 하는 것까지 모두 들어갔어요. 또한 그림으로 자세히 그려 놓아, 의궤를 바탕으로 당시 국왕의 결혼식을 오늘날 재현하고, 전쟁으로 파괴된 성곽도 원래 모습대로 되살릴 수 있었어요. 이러한 가치를 인정받아 2007년에는 《조선왕조 의궤》가 유네스코 세계 기록 유산에 등재되었답니다.

나오며

규장각의 다양한 모습을 다 구경한 것 같으니 슬슬 나가 볼까? 그래도 어쩐지 이것만 보고 떠나기는 섭섭해. 둘러본 김에 규장각 자료들을 안전하게 보관하려고 강화도에 따로 마련했다는 곳에도 가 봐야겠어.

아이고, 왜 이리 멀어? 강화도라는 서해안 끝의 섬까지 책과 그림들을 옮기느라 고생했겠군. 육지와 섬 사이의 물 흐름을 보니 아무나 쉽게 오지 못하겠어. 게다가 섬에서 딱 막고 있으면 외적이 쉽게 쳐들어오지 못하니까 한양보다는 안전해 보이네. 여기에 따로 자료 보관소를 만든 이유를 알겠군.

밖에 따로 있으니까 '바깥 외(外)'를 써서 이름이 외규장각이야. 원래 규장각에 있는 자료 중 절대로 잃어 버리면 안 되는 것들, 그러니까 정조의 일기나 업무 자료, 의궤 중 임금이 보는 자료들을 여기에 보관했어. 임진왜란

정조 시대 강화도에 설치된 외규장각

때 《조선왕조실록》을 육지에 보관했다가 불탈 뻔한 경험이 있어서 안전한 곳에 두려 한 것이지. 필요할 때도 가져다 썼고.

문제는 여기도 안전하지 않아서, 1866년 프랑스인들이 쳐들어온 병인양요 때 전각이 불타고 안에 있던 자료들을 빼앗겼다는 거야. 아깝다, 아까워. 하지만 빼앗긴 자료들은 현대에 와서 외교 협상을 벌여 일부는 돌려받았어. 남은 것들도 계속 협상 중이니 언젠가는 다 되찾을 수 있을 거야. 꼭 그래야겠지?

이제 다시 육지로 돌아가 수원으로! 수원은 정조가 세운 화성이 있는 곳이지. 어라? 마침 정조의 행차 장면을 현대인들이 재현하고 있어. 아마도 김홍도와 그 제자들이 그린 의궤를 보고 그대로 따라하는 거겠지? 저 행차

《화성성역의궤》에 실린 〈화성 전도〉

대열을 따라가 볼까?

수원 화성은 말이지, 정말 독특해. 성곽이 도시 하나를 감싸고 있는데 그 위세가 누구도 뚫지 못할 철옹성처럼 보여. 그러면서 아름답기까지 하지. 화성으로 통하는 문들 중 하나인 팔달문을 지나가 보자. 오, 역시 방어하기 좋게 반달 모양으로 한 겹 둘러 쌓은 옹벽이야. 저기 봉돈은 외적이 침입하면 불을 피우는 봉수대야. 특이하게 벽돌로 만들어졌네. 멋진데?

《화성성역의궤》에 실린 봉돈 그림

지금 보이는 이곳은 정조 때 세워져 그대로 보존된 것이 아니라 한국 전쟁 때 일부 파괴되었대. 그런데 《화성성역의궤》를 보고 복구했다고 하지. 아, 그래서 기록이 중요한 것이구나. 정조의 의지, 정약용의 과학, 김홍도의 그림 중 하나라도 빠지면 안 되는 결과지. 그 노력 덕분에 화성은 그 가치를 인정받아 유네스코에서 정한 세계 문화유산이 되었어.

잘 봤어. 오늘도 알찬 하루였어. 이왕 세상 구경을 했으니 규장각 관리가 되기 위해 공부했다는 학문의 성지, 조선 시대 지식인들의 최고 배움터인 성균관도 살펴봐야겠어. 공부해서 능력을 펼치는 것만 봤지, 어떻게 공부했는지는 아직 모르잖아. 궁금해? 그럼 내일 모여!

도판 제공
국립중앙박물관 〈규장각〉(14쪽), 《화성성역의궤》 중 〈거중기〉(51쪽), 〈화성원행반차도〉(106쪽),
　　　　　《화성성역의궤》 중 〈화성전도〉(125쪽), 《화성성역의궤》 중 〈봉돈내도〉(127쪽)
서울대학교 규장각한국학연구원 《무예도보통지》(105쪽)
국립고궁박물관 《화성능행도병》 중 〈시흥환어행렬도〉(114쪽)

조선의 싱크 탱크
정조의 개혁 본부
여기는 규장각

1판 1쇄 2023년 7월 3일

글 | 손주현
그림 | 김소희

펴낸이 | 류종필
편집 | 박병익
마케팅 | 이건호
경영지원 | 김유리

책임편집 | 장이린
디자인 | Studio Marzan 김성미

펴낸곳 | (주)도서출판 책과함께
　　　　주소 (04022) 서울시 마포구 동교로 70 소와소빌딩 2층
　　　　전화 (02) 335-1982
　　　　팩스 (02) 335-1316
　　　　전자우편 prpub@daum.net
　　　　블로그 blog.naver.com/prpub
　　　　등록 2003년 4월 3일 제2003-000392호

이 책의 저작권은 지은이 손주현과 그린이 김소희, (주)도서출판 책과함께에 있습니다.
이 책의 내용을 이용하려면 저작권자와 출판사에게 모두 서면동의를 받아야 합니다.
잘못된 책은 구입하신 서점에서 바꾸어 드립니다.

ISBN 979-11-92913-18-6 74910　ISBN 979-11-91432-70-1 (세트)